新格局下
中国数字贸易发展研究

XINGEJU XIA
ZHONGGUO SHUZI MAOYI FAZHAN YANJIU

马松林　牛晓迪　著

中国农业出版社
北　京

前言 FOREWORD

在全球新冠疫情冲击背景下，数字经济已经成为各国经济新的增长点。习近平总书记在 2021 年 10 月第十九届中央政治局第三十四次集体学习时强调，要把握数字经济发展趋势和规律，推动我国数字经济健康发展，并要求各级领导干部要提高数字经济思维能力和专业素质，增强发展数字经济本领，强化安全意识，推动数字经济更好服务和融入新发展格局。数字贸易是数字经济的重要组成部分。近些年，我国数字贸易发展已经处于全球领先位置。“十四五”乃至今后相当长的一段时期，积极推动数字贸易服务和融入新发展格局，积极参与全球数字贸易规则谈判，对于发展我国数字经济、推动经济持续稳定增长都具有重要意义。

本书基于丰富的数据和资料，刻画了新格局下我国数字贸易发展的基本轮廓。数字贸易的内涵经历了多次变化，有广义和狭义之分。数字贸易和传统贸易最大的区别在于贸易方式数字化和贸易对象数字化。数字贸易以跨境数据流动为动力，以数字平台及其服务体系为支撑，逐渐迈向全球数字化。从基础环境、技术创新环境、数字贸易能力、贸易潜力等方面测算全国各地数字贸易水平，目前，江苏、广东、上海、浙江、北京等地区数字贸易发展水平比较高。这些地区信息化水平、经济开放程度均比较高。数字贸易通过参与国内国际双循环来推动我国经济稳定增长。数字贸易通过生产、流通、交换和消费环节的数字化融入国内大循环，各省份数字贸易的发展有利于打破壁垒，促进市场流通、要素流通。数字贸易通过数字货物贸易和数字服务贸易的形式连接国际大循环，数字货物贸易的主要形式是跨境电商；数字服务贸易包括保险服务，金融服务，通信、计算机和信息服务，管理行政和后台服务，教育和培训服务，销售和营销服务，我国数字服务贸易出口占服务贸易出口总额近30%。数字贸易融入新发展格局是未来我国经济稳定增长的重要引擎。

本书基于全球视角，梳理了新格局下我国和其他国家数字贸易规则。党的十九大报告将“数字经济”列为重要内容，提出“推动互联网、大数据、人工智能和实体经济深度融合”的发展思路。《中华人民共和国国民经济和社会发展第十四个五年规划和2035年远景目标纲要》提出，要建立数字中国。《中华人民共和国电子商务法》《中华人民共和国网络安全法》等法律为数字贸易发展奠定了基础。2022年1月，国务院印发《“十四五”数字经济发展规划》，提出加快贸易数字化发展，推动“数字丝绸之路”深入发展。从国别看，美国数字贸易发展全球领先，其提出跨境数据和信息的自由流动、禁止数据存储本地化等要求。欧盟提出《数字贸易战略》，强调“数字主权”，提出的主张包括跨境数据流动和数据本地化、公民隐私权保护、对数字行业的监管权等。日本相继颁布《e-Japan战略》与《i-Japan战略2015》，并积极推进与其他国家的数字贸易合作和谈判。世界贸易组织（WTO）数字贸易规则谈判主要表现为电子商务谈判，但在数字产品是否征收关税等问题上仍未在WTO成员间达成一致。在WTO外的新国际贸易规则体系中，

《跨太平洋伙伴关系协定》《跨大西洋贸易与投资伙伴关系协定》《服务贸易协定》三个超大型自由贸易协定关于数字贸易谈判比较活跃，争论也异常激烈。2020年签署的《区域全面经济伙伴关系协定》中有关的数字贸易规则，为区域自由贸易协定框架下的数字贸易规则提供了新的可能。未来，中国数字贸易发展面临诸多机遇和挑战，需要积极完善数字贸易相关类别的统计，积极应对全球数字贸易的国际规则竞争。推动数字贸易支持性要素资源可持续发展，努力形成动态竞争优势；促进企业数字化转型，形成数字贸易新的竞争优势。

目前，国内和国际数字贸易统计制度尚在完善中，数字贸易研究有待进一步深入。全球数字贸易框架和规则还在形成中。本书作为对我国数字贸易发展的初步探索，难免有不足之处，敬请读者批评指正。

著　者

2022年8月

目 录 CONTENTS

第一章

绪　论

本章主要阐述新格局下中国数字经济发展的研究背景、文献述评、研究方法和研究框架。

第一节　研究背景

一、政策背景

近些年，数字贸易在各项政策支持下，发展迅速。《中华人民共和国国民经济和社会发展第十四个五年规划和 2035 年远景目标纲要》提出，加快数字化发展，建设数字中国。

《乡村振兴战略规划（2018—2022 年）》的出台有利于推动数字贸易发展。2018 年 9 月，中共中央、国务院印发《乡村振兴战略规划（2018—2022 年）》，提出深入实施创新驱动发展战略，加快农业科技进步，提高农业科技自主创新水平、成果转化水平，为农业发展拓展新空间、增添新动能，引领支撑农业转型升级和提质增效；提出培育符合现代农业发展要求的创新主体，培育具有国际竞争力的龙头企业，建立健全各类创新主体协调互动和创新要素高效配置的国家农业科技创新体系；提出培育国际领先的农业高新技术企业，建设农业科技资源开放共享与服务平台，充分发挥重要公共科技资源优势，推动面向科技界开放共享，整合和完善科技资源共享服务平台；提出健全农业科技领域分配政策。这些要求都会促进农村科技基础设施的完善，进而推动农业领域数字贸易发展。

《“十四五”商务发展规划》的出台促进了数字贸易向规范化、标准化方向发展。2021年7月商务部发布《“十四五”商务发展规划》，提出畅通国内大循环，促进国内国际双循环，推动高水平对外开放；也提出完善风险防控体系和强化规划实施。

《数字农业农村发展规划（2019—2025年）》的出台体现了国家对农业农村数字化发展的高度重视。该规划有利于加快推进农业农村生产经营精准化、管理服务智能化和乡村治理数字化。目前，农村农业数字化发展已经取得初步成效，在诸多方面已经展现新面貌：第一，智能感知、智能分析和智能控制等数字技术加快向农业农村渗透，数字技术与农业农村融合朝着更深层次、更加完善成熟方向发展。第二，农产品电子商务蓬勃发展，大数据服务产品不断丰富，数字产业化创新发展，“互联网＋”农业社会化服务加快推进。以2018年为例，全国农产品网络零售额达到5 542亿元，占农产品交易总额的9.8％。此外，农业数字经济占农业增加值的比重达到7.3％。第三，数字农业标准体系建设速度日益加快，农情信息获取技术日趋完善、成熟，农业农村数字化发展领域的科技创新能力日益增强。第四，随着《“十三五”全国农业农村信息化发展规划》《“互联网＋”现代农业三年行动实施方案》和《关于推进农业农村大数据发展的实施意见》等文件的实施，中国已经初步构建起数字农业农村建设的政策体系，基于普遍性与特殊性的辩证关系。各地又从实际出发，出台了一系列贴合实际、切实可行的相关支持政策，这些都有利于推动农业生产智能化、网络营销新模式和信息化管理服务。农业农村数字化是生物体及环境等农业要素、生产经营管理等农业过程及乡村治理的数字化，将会是一场深刻革命，会有巨大的困难，更会有许多发展机遇。“十四五”时期是推进农业农村数字化发展的至关重要的黄金时期，在此时期，可以寻求机遇解决农业农村数字化发展起步晚、速度慢等问题。此外，顺应数字化这一时代发展趋势并牢牢把握农业农村数字化发展机遇也极为重要。以统筹谋划有序推进、数据驱动普惠共享、创新引领应用导向、多方参与合力共建为基本原则，通过数字技术推广应用的逐渐深入和数字化生产力的不断增强等措施来抢占数字农业农村制高点，进而达到推动农业高质量发展的目的。此外，这也有利于乡村全面振兴，更有利于让广大农民共享数字经济发展红利。在未来，可以建立健全农业农村数据采集体系、管理服务数字化水平显著提升和农业数字经济比重明显增加的目标。

这些政策都体现了国家乃至全球对数字经济无比重视，数字经济已经成为社会经济发展不可逆转的趋势，我们应该抓住这一机遇，通过牢牢把握数字经济发展释放的红利促进后疫情时代经济恢复和高质量发展。

二、现实背景

（一）全球数字经济发展迅速

近些年，全球数字经济发展速度较快且已经取得较为显著的发展成果。目前，全球数字经济一直朝着智能化、绿色化和全面化的方向稳步快速发展，即使是在新冠疫情肆虐时期的逆势中也在持续稳定发展。根据中国信息通讯研究院研究，2020 年，通过测算的 47 个国家出现以下现象：一是数字经济增长值较大；二是各国 GDP（国内生产总值）的占比中，数字经济占据较大比重；三是产业数字化一直是数字经济发展的主引擎，占据大部分比例；四是第三产业引领行业数字化融合渗透；五是德国、美国和英国的数字经济在其国民经济中占据主导地位，占比均在 60%以上；六是中国、保加利亚和爱尔兰等国家数字经济发展速度较快，其中，中国数字经济增长速度已经成为世界第一，同比增长达到 9.6%；七是中国、美国、欧盟、英国和德国等国家或国际组织根据其国情或现实情况都已经开始探索适合自身发展、具有自身特色的数字经济发展道路，在此道路上都已经取得一定的经济发展成果。以 2020 年为例，美国数字经济规模达到 13.6 万亿美元，蝉联世界第一，中国数字经济规模以 5.4 万亿美元排在第二位①。

（二）中国数字经济发展取得一定成效

近些年在复杂的国内外发展环境下，中国数字经济一直持续稳定增长，数字经济已经成为中国国民经济的增长极之一，已经变成中国目前最具活力、辐射范围最广和最具创新力的经济形态。以 2020 年为例，中国数字经济规模达到 5.4 万亿美元，仅次于美国，排在第二位；同时，中国数字经济增长速度达到 9.7%，高于同期 GDP 增速 6.7 个百分点；中国数字经济发展在 GDP 中的占比由 2005 年的 14.2%大幅增长到 2020 年的 38.6%；中国第一产业数字经济在行业增加值中的占比达到 40.7%，第二产业数字经济在行业增加值中的占比达到 21.0%，第三产业数字经济在行业增加值中的占比达到 8.9%，这些都说明三大产业数字经济发展朝着深层次方向发展。此外，中国数字经济发展已经探索出一条适合自己、具有中国特色的发展模式：有效市场和有为市场相互促进的中国数字经济模式。

中国数字经济虽然在各地区发展有差异，但从整体上看，一直处于持续稳定发展状态。长三角地区作为其中发展的佼佼者，数字经济规模总量再次取得突破性发展。以 2020 年为例，长三角地区数字经济总量已经达到 10.83 万亿元，环比增长率达到 3.26%，在长三角地区经济总量中的占比达到 44.26%，不仅已经远远超越“十四五”规划公布的 2020 年的全国整体水平 7.8%，还高于“十四五”规划公布的 2035 年的预期目标。我们相信，随着长三角地区数字经济发展的不断成熟完善，不仅现在长三角地区的数字经济发展在中国数字经济发展领域是佼佼者，未来也将是区

① 余晓晖：《全球数字经济白皮书——疫情冲击下的复苏新曙光》解读，《互联网天地》，2021 年第 8 期，第 17－21 页。

域经济发展的关键性引擎。

农业农村数字经济是中国数字经济发展中的薄弱环节，但是农业农村数字经济在各种有利于发展的环境和政策下也取得了不小的发展成果。目前，中国农业已经进入高质量发展新阶段，伴随着乡村振兴战略的深入实施，农业农村加快转变发展方式、优化发展结构、转换增长动力，农业农村生产经营、管理服务数字化为农业农村数字经济发展提供了广阔的空间。目前，农业农村数字化发展已经取得初步成效，在诸多方面已经出现新现象、新面貌。

（三）全球数字经济发展面临着挑战

全球数字经济发展在不断克服各种障碍、面临不同挑战中艰难发展。同时，全球数字经济的不断发展导致了系统性全局性变革，进而对全球治理造成前所未有的巨大挑战。

各个国家之间的数字鸿沟日益扩大，特别是发达国家与发展中国家。目前，跨境数据处于流动不平衡、不充分的状态。当下各国对跨境数据流动安全方面的担忧日益增强导致各国限制性政策不断增加。以 2019 年为例，全球限制性政策数量早就超过 200 条，跨洲数据流动在全球数据流动量中的占比仅有 34.1%，这将会制约数据要素价值的释放①。此外，跨境数据流动方向呈现出严重的不对称性，跨境数据的流入国大部分都是发达国家。

（四）中国数字经济发展机遇与挑战并存

全球数字经济发展是不可逆转的发展趋势，在这一现实背景下，中国经济数字化面临着诸多的发展机遇。与此同时，中国数字经济发展也面临着巨大的挑战并存在区域发展不平衡、数字经济区域差距较大的问题。

数字经济在贸易中可以提高效率和降低成本，也可以为更多的中小企业参与国际贸易提供机会，还可以使得国际分工更加精准，但同时也面临着跨

① 中国信息通讯研究院：《全球数字治理白皮书（2020 年）》，https://baijiahao.baidu.com/s?id=1687289204634278986888&wfr=spider&for=pc。

境数据流动和数字服务贸易的监管体系不健全等挑战。

目前，数字经济市场被欧美发达国家主导。同时，欧美发达国家也是全球数字贸易服务核心区，这容易造成欧美发达国家独占数字经济市场。在这样的国际形势下，中国的数字经济发展容易受到限制，受到不公平对待。

中国数字经济立法远远落后于数字经济发展，存在数字经济领域知识产权保护不到位和数据安全评估不全面等问题，还有数据安全保障能力也亟待增强。此外，中国数字经济发展缺乏资源整合引导平台。中国数字经济发展在整体上还没有形成自上而下的指导方案，因此也没有一个强有力的平台来推动资源整合和协同发展。在此基础上，中国数字经济发展很难取得突破性进展。

人才是推动数字经济不断向前发展的关键所在。中国数字经济领域存在创新人才缺乏、人才分布不平衡以及新兴技术人才和创新人才培养存在滞后和不足等问题。尤其是在大数据分析、高端制造业和数字营销等新兴技术分析领域缺乏大量相关数字人才。

第二节　文献述评

国内外相关研究主要集中在数字贸易的影响效应、数字贸易的统计测度、数字贸易规则的现状及问题、双循环新发展格局和数字贸易关系等方面。

一、国内外数字贸易文献可视化分析

(1) 发文量可视化分析。国内文献主要来源于中国知网，以“数字贸易”为主题词在知网进行检索，检索时间段选择 1999—2021 年，共检索出文献 1 647 篇，手动剔除“会议”“报纸”等文献，共检索到文献 1 124 篇。以“digital trade”为主题词进行外文检索，检索时间段同样选择 1999—2021 年，共检索出外文文献 74 篇。导入 VOSviewer 进行可视化分

析（本文所采用的 VOSviewer 可视化软件是由荷兰莱顿大学所研发的一款文献整合和分析软件，可分析研究领域的作者、热点及关键词）。如图 1-1 所示，1999—2015 年，数字贸易的发文量呈现非常缓慢的增长趋势；2016 年之后，我国对于数字贸易的研究开始呈现爆发式增长。原因在于 2016 年，G20 杭州峰会通过的《二十国集团数字经济发展与合作倡议》，在社会上掀起了对数字经济研究和应用的热潮。步入新发展阶段，在双循环新发展格局所带来的机遇与挑战之下，国内对于数字贸易的研究于 2020 年达到历史峰值，明确了发展的新方向，从侧面说明了数字贸易的发展具有历史性的意义。如图 1-2 所示，2000—2008 年国外对于数字贸易研究分布相当零散，尚未形成规模；2010—2016 年，呈现波浪式起伏；2017 年开始呈现快速上升趋势。

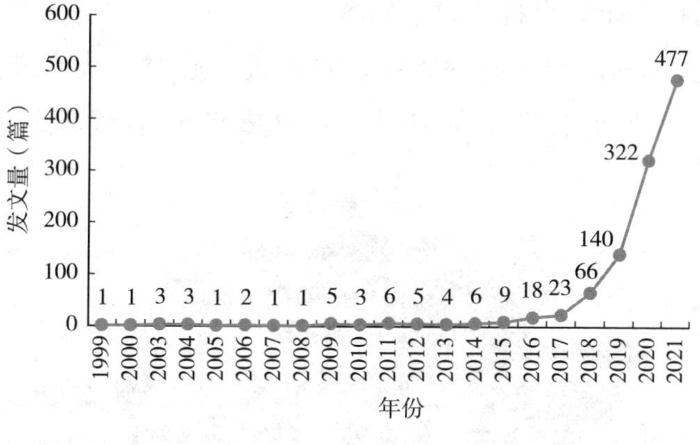

图 1-1 1999—2021 年国内数字贸易发文量变化趋势

资料来源：中国知网。

（2）关键词可视化分析。关键词可直观显示某研究领域内较为前沿的研究热点，关键词出现的频率对于学者快速把握该研究领域的热点具有重要作用。笔者将所筛选的 1 124 篇文献导入 VOSviewer，共计 3 485 个关键词，将阈值设置为 5，即每个关键词出现的次数最少为 5 次，得到有效关键词 200 个；国外文献共计 213 个关键词，阈值设置为 2，满足该条件

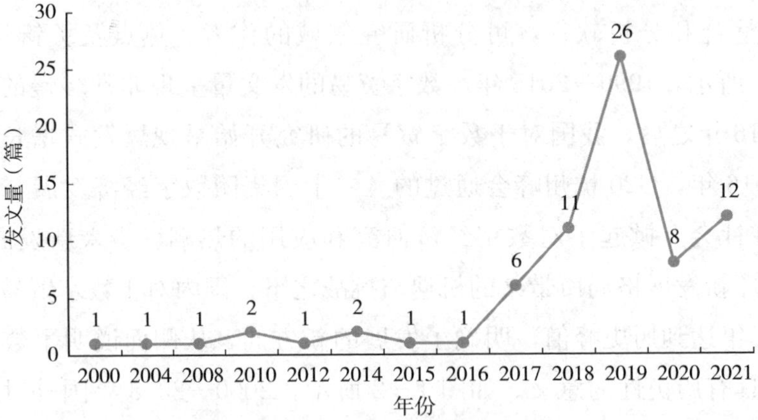

图 1－2　2000—2021 年 digital trade 发文趋势

资料来源：中国知网。

的关键词共计 43 个，可视化效果如图 1－3、图 1－4 所示。图中文字标签越大代表该关键词出现的频率越高，越靠近中心位置代表该关键词越重要。对国内外研究数字贸易前 10 位的热点词进行梳理得表 1－1、

图 1－3　数字贸易关键词共现聚类

表 1-2。如表 1-1 所示，“数字贸易”出现频次高达 555 次，其次为“数字经济”（199 次）、“服务贸易”（55 次）、“数字贸易规则”（51 次）、“高质量发展”（49 次）、“跨境数据流动”（48 次）、“数字化转型”（45 次）、“跨境电商”（42 次）、“WTO”（40 次）、“全球价值链”（39 次）。这些关键词为数字贸易研究领域内热议词汇，大量学者基于上述关键词开展深入研究，“数字贸易”“数字经济”“高质量发展”等均是热点话题。

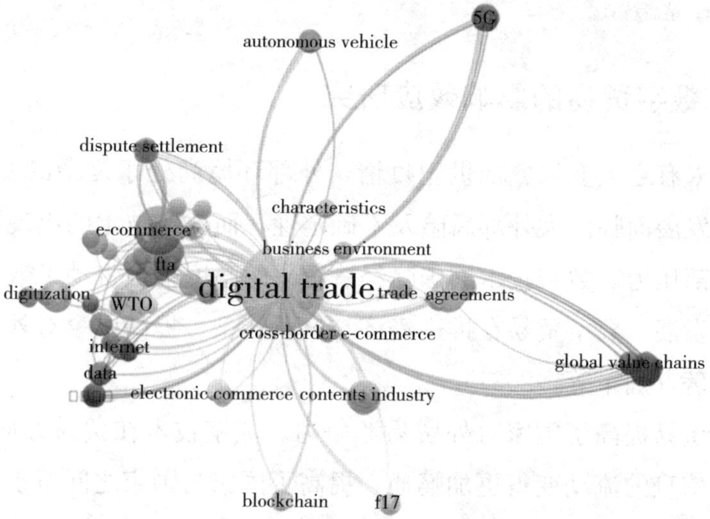

图 1-4　digital trade 关键词共现聚类

表 1-1　国内数字贸易研究关键词排名前十

排名	关键词	频次	排名	关键词	频次
1	数字贸易	555	6	跨境数据流动	48
2	数字经济	199	7	数字化转型	45
3	服务贸易	55	8	跨境电商	42
4	数字贸易规则	51	9	WTO	40
5	高质量发展	49	10	全球价值链	39

资料来源：笔者统计。

表 1-2　国外数字贸易研究关键词排名前十

排名	关键词	频次	排名	关键词	频次
1	digital trade	37	6	디지털 통상	3
2	e-commerce	10	7	e-commerce agreements	3
3	WTO	7	8	digital trade agreements	3
4	trade agreements	5	9	digital convergence	3
5	international trade	4	10	digital contents industry	3

资料来源：笔者统计。

二、数字贸易的影响效应研究

百年未有之大变局叠加世纪疫情，外部环境尚处于复杂的变化之中，各个国家发展面临巨大外部风险及不确定性，而数字技术的出现则有力地缓解了外部压力，数字技术同国际经济贸易的高度耦合带动了数字贸易领域的快速发展，数字贸易在推进经济与产业转型、提高国家对外竞争力方面作用显著（刘军等，2021）。

数字贸易提高了国家对外贸易竞争力。数字技术在贸易方面的赋能，使知识和信息的流动变得更加畅通，提高了国家与国家之间贸易发展的活力，提升了贸易竞争力。优势主要体现在以下两方面：一方面，数字贸易的发展丰富了进出口产品种类，扩大了产品流通范围（赵晓斐，2020）；引导商品生产方式、商品贸易方式走向多元化（López González 等，2017）。姚战琪（2021、2022）通过结构方程模型和中介效应检验方法对中国30个省份的数据进行了实证分析，以数字贸易为纽带，发现数字贸易存在显著的中介效应，进出口贸易与出口技术复杂程度之间存在明显的间接效应，增强对外贸易竞争力要缩小地区间数字经济发展差距、加快信息化建设进程。另一方面，数字贸易简化了商品流通过程，缩短了流通时间、降低了流通成本、提高了贸易效率，而互联网是提高贸易效率的重要工具，互联网的“快”与“广”使需求方同供给方的交易变得更加便利，二者的直接对接改善了以分销商为纽带的间接对接的低效率问题，贸易利润得以提高。

数字贸易促进了经济的高质量发展。数字贸易以其数字化、普惠化、智能化等优势加速了数字贸易同各产业的深度融合，对经济发展产生深远影响（周念利等，2017）。国外相关机构通过对企业进行调研，并利用企业调查数据评估了数字贸易所带来的经济影响，麦肯锡全球研究院（MGI）以美国企业为样本，调查了互联网发展与美国国内生产总值之间的关系及影响；除此之外，美国国际贸易委员会（USITC）同样基于对美国企业的数据调查，认为数字贸易与美国国内生产总值之间呈现正相关，数字贸易带动了美国国内生产总值的增长与就业人数的增加。国内对于数字贸易的经济影响研究，主要在经济效率视角下（董健等，2019），对数字贸易与互联网互动关系（郭家堂等，2016）、数字贸易与产业结构调整（刘洪愧，2020）、数字贸易与资源配置效率（闫爽，2019）等开展深入研究，研究结果均显示数字贸易发展活力强劲，对经济高质量发展具有显著促进作用（方昊炜等，2021）。

三、数字贸易的统计测度研究

当前数字贸易发展势头强劲，但纵观国内外学者对数字贸易的研究，可以明显看出有关数字贸易的实证研究较为匮乏，现有对数字贸易统计测度方面的研究，也主要集中在直接测度与间接测度。间接测度包含用互联网相关指标测度数字贸易、ICT（信息和通信技术）产业规模评估数字贸易等。直接测度包含构建指标体系、电子商务发展评估数字贸易等（任同莲，2020）。

第一，关于间接测度的研究。部分文献通过互联网相关指标测度数字贸易，Yushkova（2014）通过对商业互联网使用程度指数进行计算，评估互联网在经济领域中的功能，这一指标是世界经济论坛和欧洲工商管理学院共同研究的网络就绪指数的一部分。在通过 ICT 评估数字贸易的研究中，马述忠等（2018）认为 ICT 是数字贸易的重要载体，通过 ICT 可实现传统贸易到数字贸易的高效转换，是数字经济时代产生的一种新型贸易方式。Ozcan（2018）将ICT指标进行分类与汇总，结果共分为4个：ICT综合发展指数和3个细分指数（ICT接入指数、ICT使用指数和ICT技能指数），但由于双边国际贸易数据与单边数字技术数据难以匹配，因此施炳展（2016）以中国为例，使用双边、双向网址连接数量（周丽萍，2020），证明了互联网在降低交易成本、扩大交易规模方面确有效果。

第二，关于直接测度的研究。电子商务，作为数字贸易的重要组成部分，在数据搜集上相对方便，因此部分研究通过当前电子商务发展现状来评估数字贸易发展现状，联合国贸易和发展会议与中国国际电子商务中心持续发布电子商务相关报告，对比分析一国电子商务的发展水平，评估一国数字贸易的发展潜力。张艳辉（2018）通过引入电商嵌入度概念，从定量分析角度分析电子商务对嘉兴市375个制造业企业研发创新的作用机制，证明了电子商务对经济发展的影响。Ma等（2018）构建了我国电子商务发展繁荣度与风险度的指标体系。蓝庆新等（2019）以波特钻石理论为理论基础，最终选取了贸易竞争优势指数（TCA）、显示性比较优势指数（RCA）、国际市场占有率指数（MS）以及Michaely波动指数（MI）4个指标，构建了我国数字贸易国际竞争力评价模型。Aguiar等（2018）通过衡量电影的受欢迎程度，研究文化产品数字贸易的潜在价值。除上述学者构建的数字贸易测度指标外，经济合作与发展组织（OECD）、世界贸易组织（WTO）和国际货币基金组织（IMF）在2020年发布的《数字贸易测度手册（第1版）》中，提出统计测度数字贸易的4个概念性框架，分别是数字贸易范围、数字贸易方式、数字贸易产品和数字贸易主体。当前，数字贸易的统计测度方法趋于多样化，但仍与数字贸易的发展程度不相匹配。

四、数字贸易规则的现状研究

在数字贸易发展程度不断加深的情况下，世界各国寻求通过国际贸易往来实现本国经济的进一步发展，各国开始致力于构建数字贸易规则，对数字贸易规则的诉求愈发清晰，世界各大经济体争先制定数字贸易规则。当然，发达国家凭借实力使其在数字贸易规则中占据主导地位。学者们开始就数字贸易发展历程与全球各大经济体数字贸易规则发展现状展开研究，力求获得新突破。

关于数字贸易规则发展历程的研究。数字贸易规则的发展历程大致分为四个阶段：第一个阶段是缺失阶段（1994 年前），主要表现为数字化程度低，数字贸易规则缺失；第二个阶段为萌芽阶段（1995—2014 年），主要表现为电子商务的加速发展；第三个阶段是形成阶段（2015—2018 年），主要表现为数字贸易规则框架初步形成；第四个阶段为发展阶段（2019 年至今），主要表现为对数字贸易规则的细致雕琢（白洁等，2021）。

关于全球各大经济体数字贸易规则发展现状的研究。欧美发达国家在数字贸易规则的制定上，意图扩大本国经济在全球的影响力，追求所谓国际数字贸易规则的“主导权”，纷纷制定满足自身利益诉求的数字贸易规则，出于对共同利益的考量，欧美各国在一定范围内合作，但仍存在明显的内部矛盾，美国倡导数字贸易自由化，欧盟倡导保护自身核心隐私，美欧冲突依旧存在（张坤，2020）。美欧制定的数字贸易规则经分类与汇总，被学者们分别称为“美式模板”与“欧式模板”。随着时间推移，“美式模板”内容开始转向跨境数据自由流动、源代码访问等方面，“美式模板”根据跨境数据流动追求数字贸易的自由化，《跨太平洋伙伴关系协定》的出台完全是美国意志的表现（Weber，2015）。“欧式模板”最显著的特征为“跨境数据自由流动”“知识产权保护”和“视听例外”，“欧式模板”相比于“美式模板”，更加注重知识产权保护，并始终坚持“保护隐私”的立场，条款规定更具“进攻性”和“灵活性”（周念利等，2018）。中国作为全球最大的经济体之一，数字贸易发展规模位居世界前列，我国正积极通过“一带一路”倡议及双边和多边自由贸易协定推进电子商务议题的谈判，在数字贸易规则制定过程中，我国提出要充分尊重各国电子商务发展的差异性，各国要认真履行监管重任（章思勤等，2021）。刘晨哲等（2021）提出，我国目前在数字贸易规则方面取得一定成效，但仍处于起步阶段，数字贸易尚未从数字经济中独立出来。李忠民等（2014）通过研究美国数字贸易，对比我国数字贸易发展现状，提出我国要加快基础立法、加强基础监督、积极参与国际谈判。徐金海等（2019）提出数字贸易规则“美式模板”的强势发展，给全球各大经济体带来了压力，中国应立足于自身比较优势，打破数字鸿沟，实现区域协调发展，打破“美式模板”“欧式模板”僵局，提高在国际数字贸易规则中的话语权，构建“中式模板”。

五、数字贸易规则的问题研究

目前，数字贸易规则由发达国家主导，但随着以中国为代表的发展中国家崛起，未来数字贸易规则制定将展现出更大的不确定性，反观当前全球数字贸易规则，仍存在较多问题。

第一，WTO规则下，数字贸易规则的缺失。徐苑琳等（2018）提出，当前全球数字贸易存在缺失，具体体现为电子传输免征关税协议不明确、电子数字产品的产品性质定位不清晰、数字贸易服务模式分类模糊等问题，主要由WTO规则与电子商务规则相互冲突所引起，而WTO规则下数字贸易规则的缺失将带来诸多负面影响，严重阻碍全球数字贸易的发展，迫使诸多国家寻求WTO规则以外的数字贸易规则，但在WTO规则以外的数字贸易规则执行过程中，出现了一系列问题：首先，个人信息无法得到有效保障，大量个人信息遭到泄露；其次，各国司法管辖权缺乏协调机制；最后，对于低价值的数字贸易产品引发的争议，没有相关数字贸易规则来解决争议（Meltzer，2016）。从国内来看，数字贸易规则短期内虽然对数字监管、电子商务等基础法规的制定提供了一定的帮助，但仍然缺乏对数字贸易完全配套且细致的制度规范，现存的制度规范重心主要偏向数字行业基础建设等方面，数字贸易规则的滞后加大了“中式模板”打造的难度（曹晶晶，2018）。

第二，各国利益分歧严重。高媛等（2018）基于《国际服务贸易协定》谈判文本，集中分析了数字条款的构成，结论揭示了各成员国之间的利益矛盾，导致谈判每走一步都如履薄冰，难以向前推进。主要矛盾集中在数据本地化和数据垄断等问题。Azmeh 等（2016）提出，数据本地化在一定程度上保护了国家数据安全，但严重阻碍了跨境传输。Meltzer（2016）从成本角度出发，研究发现数据本地化将提高市场门槛，造成企业成本增加，影响数字贸易的发展。毕婧等（2018）梳理了不同国家和国际组织的数据本地化带来的影响。综合学者观点发现，各国经济发展水平不同以及利益出发点不同，导致了数据本地化和数据垄断发展程度及执行规范存在较大分歧，数字贸易规则的制定仍需进一步深入研究（国莎莎，2020）。

六、双循环新发展格局和数字贸易关系研究

2020 年，党的十九届五中全会通过的《中共中央关于制定国民经济和社会发展第十四个五年规划和二〇三五年远景目标的建议》提出，要加快构建以国内大循环为主体、国内国际双循环相互促进的新发展格局。双循环新发展格局明确了我国经济发展方向，因此在新发展格局下探索数字贸易发展、推进数字贸易规则的构建具有重要意义。

数字贸易加速了双循环新发展格局的形成。马光明等（2021）通过对后疫情时代我国对外经贸形势进行分析，发现虽然我国经济在新冠疫情影响之下，经济复苏势头强劲，但产业链短板、经贸话语权缺失等问题仍明显存在，构建双循环新发展格局，需要进一步提升在经贸制度、全球数字贸易规则构建中的话语权。数字服务贸易作为我国对外经贸体系的一部分，是我国对外贸易竞争力的重要体现，在双循环背景下发展中国数字服务贸易，亟须创新发展战略与加强国际沟通（王玉龙等，

2021)。在数字贸易发展过程中，数字贸易不仅是双循环战略的“加速器”，也是双循环战略的重要抓手，大力发展数字贸易是推进我国供给侧结构性改革、应对百年未有之大变局的有效措施（戈晶晶，2021），数字贸易同样是未来全球各国争相发力的重要战略基点，鉴于目前我国消费潜力仍需不断挖掘，数字贸易发展潜力尚未充分展现，加快建设数字贸易新基建、提高全球数字贸易规则话语权仍需不断向纵深推进（赵新泉等，2021)。基于数字经济赋能双循环，曹小勇等（2021）提出中国应加快服务业数字化转型，构建数字服务业的双循环格局，以应对当今世界数字大国之间的激烈竞争，实现从贸易大国到贸易强国的转变。

面对全球日益复杂的环境以及新冠疫情的严重影响，数字贸易与我国双循环战略的良性互动是未来我国对外贸易发展的趋势，但回顾现存研究，相关成果明显不足，因此未来就数字贸易与双循环新发展格局关系仍需不断深入研究。

七、文献述评

整体来看，当前国内外数字贸易发展处于起步阶段，以往文献对数字贸易的研究主要包括数字贸易影响、数字贸易的测度、数字贸易规则构建的现状及问题、跨境电商等方面，现有研究在厘清数字贸易相关基础问题方面卓有成效，但从长远来看，目前的数字贸易理论及学术研究与数字贸易的火热开展程度不相匹配，学术研究的进度远不及数字贸易现实发展的进度。纵观国内外数字贸易研究现状，仍存在以下问题：一是尚未形成统一的数字贸易基础理论。对于数字贸易的定义及内涵，国内外研究存在分歧，但对数字贸易本身均有了深刻认知，充分认识到数字贸易在一国国际贸易中的重要地位。在数字贸易的统计测度方面，统计测度本身就需要严谨周密的理论来指导，以保证统计测度的权威性与准确性。就国内外研究现状来看，各国对数字贸易统计测度的标准各有优劣，现有测度标准存在单一、陈旧等问题，统计测度标准应充分彰显综合性、全面性以及时效性。二是缺乏从理论或实证方面进行研究的文献。因数据本地化、数据垄断等问题，可能造成数字贸易数据难以获取，因此较多内容停留在单一的梳理方面，缺乏理论模型与实证模型相关的研究，研究的深度与广度也有所欠缺。从国内来看，当前我国致力于打造双循环新发展格局，但现存有关双循环与数字贸易二者关系的理论研究与实证研究都非常少，因此在国家相关政策的不断保驾护航之下，未来要充分立足于我国当前发展现状，不断拓宽和加深对数字贸易内涵、数字贸易规则的构建、双循环新发展格局与数字贸易互动机制等内容的研究。

第三节 研究方法和框架

本书采用的研究方法包括文献梳理法、计量模型法、案例分析法等。文献梳理主要是整理国内外现有学术文献，为本书研究奠定基础。这主要体现在第一章、第三章和第四章等。计量模型主要用于测算中国数字贸易发展的水平和影响因素，这体现在第三章和第四章。案例分析法主要用于研究中国数字贸易发展的区域、政策典型案例，这体现在第三章、第四章、第五章和第六章等。

本书框架如下：

第一章，绪论，包括研究背景、文献述评、研究方法和框架。

第二章，数字贸易服务和融入新发展格局的产业研究，包括数字贸易统计内涵、传统产业数字化转型、数字产业化发展及案例等。

第三章，数字贸易服务和融入新发展格局的区域比较研究，包括数字贸易发展环境评估、各地区数字贸易水平测算及典型案例等。

第四章，数字贸易服务和融入新发展格局的机制研究，包括数字贸易与国内大循环、国际大循环的链接机制。

第五章，中国数字贸易政策解析，包括中国数字贸易政策、主要国家数字贸易政策等。

第六章，数字贸易的国际规则，包括贸易协定、WTO区域自由贸易协定等不同框架下的数字贸易规则、不同模式下的数字贸易规则及中国应对等。

第七章，新格局下中国数字贸易发展，包括新格局下中国数字贸易发展的趋势、机遇、挑战及对策。

第二章

数字贸易服务和融入新发展格局的产业研究

本章主要从产业视角阐述数字贸易服务和融入新发展格局的内在逻辑，内容包括数字贸易内涵、传统产业数字化、数字产业化、案例分析等。

第一节 数字贸易内涵与统计标准

本节主要探讨数字贸易的内涵与统计标准。

一、数字贸易的内涵

数字贸易的概念最早由美国国际贸易委员会（USITC）最先提出，是一个较为广泛的概念。目前，国内外学者对数字贸易的内涵仍未达成统一标准。2013 年之前，在 WTO 中，常常使用“电子商务”一词，并不是“数字贸易”。后来，美国国际贸易委员会先后在 2013 年、2014 年和 2017 年提供了三份数字贸易研究报告，由于数字贸易所涉及的范围较为广泛，因此国际上数字贸易内涵经历了多次变化。

第一，以各种数字形式和互联网订购或交付的数字贸易。在这种数字贸易的分类中并不包含实体货物的交易。美国国际贸易委员会于 2013 年在全球首份数字贸易调研报告中提出了数字贸易的概念，即所有通过互联网提供的产品和服务的国际交易和国内贸易。上述定义包含了数字平台所提供的增值服务、数字服务，如 App、DVD、CD、游戏等，但不包括线上订购的实物商品和具备数字内容的实体商品，这只是对数字贸易内涵的狭义理解，因此也被称为“窄范围”的数字贸易概念。

第二，通过数字化方式订购和（或）数字化方式交付的数字货物或数字产品、数字服务等数字贸易。在此定义的标准中，包含了线上订购的实物商品和具备数字内容的实体商品以及数字产品等。目前，以经济合作与发展组织、世界贸易组织、国际货币基金组织为首的国际组织和美国国际贸易委员会在 2014 年 8 月重新对数字贸易的内涵进行了“宽范围”的定义，在原本的“数字贸易”的内涵上进行了完善和延伸，将其定义为“在订购、生产以及传送产品和服务过程中由于互联网起到关键性作用的国内商务和国际贸易”。这意味着只要进行网上订购交易都属于数字贸易的范畴。经济合作与发展组织、世界贸易组织将数字贸易分割成三个组成部分：数字订购贸易、数字交付贸易和数字中介平台赋能贸易。可以发现，数字订购贸易强调的是通过专门下达订单的方式在互联网上进行的交易；数字交付贸易强调的是通过网络可下载的电子格式远程交付的所有跨境交易；数字中介平台赋能交易指的是为交易提供平台和中介服务的行为。经济合作与发展组织、世界贸易组织认为数字贸易的本质就是全部采用数字化技术支持或利用数字化技术本身所产生的贸易。

第三，2017 年美国国际贸易委员会发布全球数字贸易报告，将数字贸易的内涵界定为数字交付的范畴，再次将数字贸易的定义范围缩窄。贾怀勤（2019）对数字贸易内涵在国际上由“窄范围”到“宽范围”再变“窄范围”的两次变化进行归纳，认为国际上把数字贸易范畴再次收窄的主要原因是在全球数字贸易市场中美国的竞争态势变化和对数字内容与服务的跨境流动程度高低。美国国际贸易委员会之所以会对数字贸易涵盖的范畴进行两次变更是因为要面对的问题是不同的，前两次的报告中主要讲的是数字贸易在美国国内的作用，很少涉及国际方面。2017 年美国也开始全面分析全球的数字贸易市场的发展，并开始在国际上引起重视。

我国学者蓝庆新等（2019）在研究欧洲、美国、日本的数字贸易内涵的演变和发展趋势时，认为数字贸易主要包含数字产品和服务、跨境信息流交换、跨境平台的实体货物交易。马述忠等（2018）对数字贸易进行“宽范围”的定义，认为数字贸易是传统贸易在数字经济时代的延伸，建立在目前互联网基础上，通过数字信息技术手段融入订购、生产、运输等环节，最终实现智能化的新型贸易活动。沈玉良等（2018）认为，数字技术手段在数字贸易中起到了重要作用，数字贸易正在逐渐影响经济全球化的走向。李忠民等（2014）认同美国国际贸易委员会于2013年所提出的“窄范围”的数字贸易的内涵，认为数字贸易要以互联网为媒介，以数字交换技术为手段，不同于传统贸易的创新商业模式。

目前，国内外学者对数字贸易的内涵仍未达成统一标准。2020年中国信息通信研究院颁布的《数字贸易发展与影响白皮书》中认为，数字贸易是指数字技术发挥重要作用的贸易形式，数字贸易和传统贸易最大的区别在于贸易方式数字化和贸易对象数字化，数字贸易包括贸易数字化和数字化贸易两部分。其中，贸易方式是指数字技术与国际贸易开展过程的深度融合，对数字对接、数字结算、数字交付、数字订购等带来变化；贸易对象数字化是指数据和以数据形式存在的要素、产品和服务，表现为贸易内容的数字化拓展。

总的来说，和传统贸易相比，数字贸易的发展，不仅细化了贸易类别，也扩宽了国际贸易的范围。数字贸易在交易过程中的交易方式、交易对象等方面与传统贸易存在显著差异。首先，就交易方式而言，传统贸易需要在固定的经营机构或场所，通过纸质的凭证完成交易；而数字贸易的交易场所或空间可以任意地扩大或变更，并通过数字化的方式完成洽谈订购等。其次，对交易对象而言，传统中的贸易对象由实体商品构成，其消费者拥有所有权，但无法复制；而数字贸易的交易对象具有可复制性和可变性。目前，国内外有关于数字贸易的内涵界定由“窄”到“宽”再到“窄”，其中最“窄范围”的数字贸易概念只包括数字技术运用的创新经济模式，在传统服务贸易的基础上增加数字化技术，而“宽范围”的数字贸易是指传统货物贸易的数字化。

二、数字贸易的特征

数字贸易与传统贸易相比，数字贸易的行为本质并没有发生改变，但在国内和国际的贸易模式、贸易主体、优势来源等方面已有了新的变化，数字贸易突出的特征主要反映在以下四个方面：

一是数字贸易的发展是以当下安全有序的跨境数据流动为动力。全球数字治理规则的目标是：构建和平、安全、开放、合作、有序的网络命运共同体。自全球金融危机爆发以来，传统的贸易活动发展趋势已趋于平缓，然而在当今以互联网为基础迅速发展的时代中，跨境数据流动突飞猛进，对全球经济增长的贡献已大幅度超越传统货物贸易，使不同交易主体之间可以直接进行交流，实现资源配置的高效化，降低贸易活动之间的各项成本，提高活动效率，更趋向于用户发展；同时也大大促进了数字服务贸易的发展，使得云端计算服务平台、社交媒体、搜索引擎、数字内容等基于数字流动的新模式成为国际贸易的一部分。在数字化发展的过程中，要建立安全有序的国际制度，如在跨境流动的数据中包括个人隐私数据、商业机密数据、国家安全数据以及非个人数据等，这就要考虑到个人隐私安全可能会受到侵害的问题。对于国家层面来说，国家数据具有较大的商业价值和社会价值，在数据传输和储存的过程中极有可能遇到拦截、被篡改、丢失等风险，当数据较为敏感时便会威胁到国家安全，因此在数据流动的过程中要加强数据的隐秘性、安全性，确保数字贸易持续健康的发展。

二是数字贸易的发展是以数字平台和数字平台服务体系为支撑。2019年，联合国贸易和发展会议在《2019年数字经济报告》中指出，近十年里，全球范围内涌现出一大批数字平台，在全球数字经济发展的过程中起着关键性的作用。数字平台的出现通过新兴技术降低了贸易的通信、输送、物流成本，提高了全球价值链的透明度，同时也增加了国际贸易的复杂度。大型数字平台服务范围现已开展了国际业务，可以获取更多的数据资源和用户流量，扩宽平台的业务内容，如亚马逊、当当网、阿里巴巴等。数字平台推动了数字服务的分工，促进了国际分工环境互相补足，共同推动全球数字经济发展。

三是数字贸易的发展方向是国际融合的全球性数字化生态。数字贸易包括传统的数字贸易和新型的数字贸易，其中传统的数字贸易包括电子商务等。其他数字化交付的货物贸易随着金融、物流、咨询等服务业线上业务的开展，而使产业的分工更加细化，并出现服务外包需求，国际融合的数字化生态趋势快速形成，促进跨界数字化产业链加速构成，产业与生产性服务业的跨界融合以及国际精准对接。

四是数字贸易的发展基础是经济化和数字化的服务，WTO 的资料显示，近年伴随着社会分工的不断细化，呈现产业服务化趋势，服务要素在投入和产出之间的比重也在不断扩大，因此数字技术也投入产业服务中，改变了服务提供的方式，使得一些服务可转移、可复制、可进行线上办理交付等，降低了服务的边际成本、扩大了服务范围，提高了资源配置效率，节省了人力物力。服务贸易在国际贸易中的占比也显著提高，这与互联网的普及有很大关系。服务贸易的发展减少了在进行跨国贸易过程中的空间距离的制约，将传统的服务贸易由线下改为线上，为服务贸易提供了新方式，同时也扩大了跨境交易的服务范围。例如，早期影像和音乐等有声资料分散储存在磁带、光盘等物理载体中并通过传播机器将其展现，而进入数字化时代后，这些音乐和影像等有声资料均被集中储存在云端服务器，用户只要下载相应软件或者在网站进行搜索就可以方便快捷地享受影音服务，这无疑大大拓宽了数字服务贸易的范围。

三、数字贸易的统计标准

数字贸易主要包含了数字化贸易和贸易数字化两部分，从不同的体系划分将数字贸易分为数字订购、数字交付，或者划分为数字货物贸易和数字可交付服务贸易。2012 年，我国根据联合国贸易和发展会议（UNCTAD）所做的数字可交付服务贸易的统计范围修订了《国际服务贸易统计制度》，按照模式划分为服务跨境交付、自然人口流动、商业存在、境外消费四种模式。但在美国国际贸易委员会签署的国际贸易协定中，并没有把数字贸易归入服务贸易和货物贸易中。美国贸易代表办公室（USTR）在 2017 年发布的《数字贸易的主要障碍》中，认为数字贸易不仅包括个人消费品在互联网上的销售以及在线服务的提供，还包括实现全球价值链的数据流、实现智能服务的提供以及无数其他平台和应用，将数字贸易划分为四类，如表 2-1 所示。

表 2-1　美国贸易代表办公室对数字贸易的分类

数字内容	社交媒体	搜索引擎	其他数字服务	跨境电子商务
数字游戏（包括手机游戏、游戏订阅、网络在线游戏）、电子书籍、数字音乐、影像等	各类社交网站以及用户评论网站（包括贴吧、天涯论坛）等	专业搜索引擎、通用搜索引擎等	网络通信服务（包括电子邮件和互联网通信）、各类软件服务、在云端进行的数据服务（数据储存、数据下载、数据处理）、云端计算平台等	B2B、C2C、B2C

资料来源：美国国际贸易委员会。

2020 年中国商务部研究院发布的《中国数字贸易发展报告 2020》中将数字贸易归为服务贸易中，从数字服务贸易化的角度出发，数字贸易业务可以分为信息技术服务、数字内容服务、离岸服务外包等，并根据具体领域不同把数字贸易概括为三大类，如表 2-2 所示。

表 2-2　中国商务部对数字贸易的分类

信息技术服务	数字内容服务	离岸服务外包
各类 App、搜索引擎、社交媒体、网络通信、云计算以及卫星定位等	数字出版、数字传媒、数字娱乐、数字学习等	通过其他数字交付的离岸服务外包等

资料来源：笔者整理。

对于数字贸易的统计分类，我国统计部门缺乏围绕数字贸易的相关统计制度，也没有针对数字贸易细分领域进行分门别类的统计，只是将数字贸易简单归到数字服务贸易中，在交易过程中，数字贸易的主体包括消费者、政府和企业，数字技术的广泛应用降低了数字贸易的门槛，使得消费者与企业之间通过互联网平台可以进行直接交易或提供服务。无论是美国划分的四类还是我国统计的三类，从产业内容的划分来看都较为相似，均缺乏明确的系统分类，基于我国目前的数字贸易业态类型及服务贸易发展状况和我国有关部门对数字贸易的理解，从数字贸易的属性来看，绝大多数数字贸易都是通过以互联网为交易平台发生的贸易行为；从交易标的来看，数字贸易分为以服务为载体的贸易和以货物为载体的贸易，尽管信息流没有作为数字贸易的直接交易内容，但是确是数字贸易过程中的重要组成元素。综合美国国际贸易委员会和经济合作与发展组织、世界贸易组织及国际货币基金组织的统计分类和我国商务部对数字贸易的理解，归纳整理出与之相适应的数字贸易分类统计标准（表 2－3）。

表 2－3 数字贸易统计分类

数字化贸易					贸易数字化	
数字交付					数字订购	
跨境数据流动贸易	数字赋能的传统服务	电信、计算机和信息服务	数字内容	可数字交付的其他服务	服务类跨境电子商务	货物类跨境电子商务
各类社交网站以及用户评论网站（包括贴吧、论坛）、各类App、搜索引擎等	远程教育、数字医疗、远程制造服务平台等	网络通信服务（包括电子邮件和互联网通信）、各类软件服务、在云端进行的数据服务（数据储存、数据下载、数据处理）、云端计算平台等	数字游戏（包括手机游戏、游戏订阅、网络在线游戏）、电子书籍、数字音乐、影像等	知识产权使用费、金融服务、保险和养老金服务、其他商务等	服务类跨境电子商务（在线酒店和机票、通过其他数字交付的离岸服务外包等）	货物类跨境电子商务
其他非货币化数据流	数字服务贸易					数字货物贸易
跨境数据流的价值总和						

资料来源：笔者整理。

第二节　传统产业数字化转型

一、农业数字化转型

《乡村振兴战略规划（2018—2022 年）》和《数字乡村发展战略纲要》均高度重视农业数字化转型，提出大力发展数字农业。

（一）农业生产数字化转型

目前，随着数字农业标准体系的建立健全，遥感、物联网等技术的持续稳定发展和农情信息获取技术日趋完善成熟，人们获取土壤墒情、作物长势、灾情虫情等农业生产信息日益便捷化。这有利于提升种植业生产管理信息化水平，也有利于实现重大病虫害智能化识别和数字化防控，更有利于种植业生产经营者通过智能感知和智能分析，最终实现智能管理目标。

数字化在农业生产领域的运用有利于对各类农业资源信息进行整合。通过建立健全成熟完善的信息化、数字化服务体系为农业发展提供各类信息数据，然后将不同单位、不同产业联系在一起实现信息数据的共享应用，这样有利于各类信息数据的协调发展。

数字化在农业生产领域的运用有利于预测市场供需情况，进而以市场价格为信号调整生产发展。通过农业数字化平台获取市场供需情况，及时有效地对市场中的各类信息进行汇总和分析，实现农业生产与市场情况一致。

数字化在农业生产领域的运用有利于推动构建完善的数据系统的建设，进而及时有效地处理各类信息数据并合理制定各项决策；数字化在农业生产领域的运用也有利于加大在农业信息化、数字化建设领域的投入力度；数字化在农业生产领域的运用更有利于建立健全标准规范体系，通过强化农业信息管理，达到促进现代农业健康发展的目的。

（二）农业管理服务数字化转型

依托农业农村基础数据资源体系，构建农业农村大数据平台，建立健全农业农村管理决策支持技术体系，为市场预警、政策评估、监管执法、资源管理、舆情分析、乡村治理等决策提供支持服务。运用数字平台促进农业管理服务线上线下相结合，不断提升农业管理数据融合和业务协同能力，增强农业宏观管理的科学性。政府通过构建数字农业农村发展的管理体系、建立规划实施和工作推进机制，来达到加强政策衔接和工作协调的目的。在国家统筹协调数字乡村建设发展机制下，各地方从当地实际出发将政策具体化，在实施过程中坚持原则性和灵活性统一的原则，坚持重视为科学决策和工程实施提供智力支持的相关专家对数字农业农村建设的指导作用。

健全重要农产品全产业链监测预警体系，加强重要农产品生产和市场监测，强化生产数据实时采集监测，强化农业信息监测预警，拓展和提升农产品市场价格日度监测、供需形势月度及季度分析、重要农产品供需平衡表、中长期农业展望等信息发布和服务。构建农业农村现代化监测评价体系，开发农业农村经济运行分析系统。建立农业“走出去”经济运行分析制度，加强农业利用国际市场资源情况的分析。

深入实施信息进村入户工程，通过完善农业科技信息服务平台和建立健全数字农业农村服务体系，持续稳定推进农业科技文献大数据、农业科学大数据、农业科研管理大数据等集成治理工作。

农业农村数字化发展需要采取切实可行的措施发展农村人居环境数据挖掘和商业分析等新型服务，引导农民积极参与农村人居环境网络监督，达到共同维护绿色生活环境的目的。把农业农村数字化与人居环境整治提升行动有机结合起来，通过开展摸底调查和定期监测，把相关数据资源汇集起来，达到建立健全农村人居环境数据库和农村人居环境智能监测体系，进而实现农业废弃物长期定点观测和远程监测的最终目标。

随着“互联网＋”社区向农村不断延伸，不断推进农村基础设施建设、农村公共服务供给等在线管理和乡村规划管理信息化，建设乡村数字治理体系。这将有利于提高村级综合服务信息化水平，逐步实现信息发布、民情收集、议事协商、公共服务等村级事务网上运行。

（三）数字化基础设施建设

随着国家农业农村大数据中心建设工程的持续推进，正在逐步实现数据资源共享、智能预警分析，从而提高农业农村领域管理服务能力和科学决策水平。国家农业农村大数据中心建设工程包括可以增强农业农村大数据和农业农村政务业务系统的计算存储能力的国家农业农村云平台、统一的数据汇聚治理和分析决策平台——国家农业农村大数据平台、为农业农村运行管理和科学决策提供支撑的国家农业农村政务信息系统。

通过建设天空地一体化的农业农村观测网络基础设施和应用体系，逐步实现对农业生产和农村环境等全领域、全过程、全覆盖的实时动态观测。为持续推进重要农产品全产业链大数据建设，将建立健全数字农业农村综合服务平台、国家数字农业农村创新工程付诸实践。

二、贸易数字化转型

随着社会经济的发展，将来的贸易需求会呈现出一种“小而多”“多而散”的形态，数字贸易的主要作用之一就是解决贸易需求主体的信息不对称、不平衡。因此，推动中国贸易朝着数字化方向发展是必然选择，也是大势所趋。

（一）中国贸易数字化发展现状

随着全球数字贸易步入高速增长、快速创新和迅速变革的迅猛发展阶段，尤其是在新冠疫情导致世界经济不断下行的时代背景下，数字贸易已经变成促进全球经贸复苏和重塑全球经贸格局的关键。在如此发展环境下，中国贸易数字化、智能化、网络化水平一直保持着持续稳定提升状态，并且逐渐变成促进社会经济增长的新引擎。根据商务部《中国数字贸易发展报告 2020》，在新冠疫情防控期间，2020 年中国可数字化交付的服务贸易规模高达 2 947.6 亿美元，同比增长达到 8.3%，在服务贸易总额中的占比已经达到 44.5%。2025 年中国可数字化的服务贸易进出口总额将超过 4 000 亿美元，在服务贸易总额的占比达到 50% 左右。

（二）数字贸易与传统贸易的比较

如今数字贸易已经在我们的生活中随处可见，潜移默化地影响着社会经济发展中的各个领域。数字贸易与传统贸易有着共通之处，但是也存在着不少不同之处，如在贸易的流程、发生情景和基础上都有着较大差别。数字贸易是信息时代创新的产物，它是一种以互联网为基础，以数字交换技术为手段，为供求双方提供交互所需的数字化电子信息，实现以数字化信息为贸易标的的新型商业模式。它不仅改变了企业做生意的方式，也从根本上改变了人们对原有商务概念的认识。

数字贸易与传统贸易在交互形式上已经有了较大改变。在传统贸易中，贸易的开展一般多为贸易各方之间单独进行的。在数字贸易中，互联网平台在贸易过程中的作用日益重要，数字贸易这种交互形式有利于大幅提升整个贸易过程的效率。

数字贸易与传统贸易在流程上同样出现了很大变化，而且已经表现出诸多新特征。数字贸易不仅包括基于信息通信技术开展的线上宣传、交易、结算等促成的实物商品贸易，还包括通过信息通信网络（语音和数据网络等）传输的数字服务贸易，如数据、数字产品、数字化服务等贸易。

除了以上的改变之外，数字贸易相较传统贸易还具有促进不同经济体系融合和激活整合新的创造力的作用，产生了打开新的市场领域和创造企业协作与联合新机制的强大功能，甚至还可以让人们重新评估企业的组织结构，重新认识企业核心竞争力诸要素的构成。

（三）推进中国数字贸易发展的建议

中国数字贸易要实现高质量发展，政府必须发挥组织经济发展的职能。但并不是让政府主导、包办一切，而是需要政府运用法律手段、经济手段以及行政手段进行科学的宏观调控。政府适时、合理地营造良好的营商环境，全面提高服务质量，为中国数字贸易实现高质量发展奠定坚实的基础，为实现推进中国数字贸易发展保驾护航。

数字贸易基础设施建设是中国数字贸易高质量发展的基础，完善数字贸易体系是中国数字贸易发展实现信息对称、资源共享的根本保证。数字贸易基础设施建设要求加大对信息基础设施、融合基础设施和创新基础设施的投资力度；数字贸易基础设施建设也要求国家为数字贸易发展提供进一步的政策导向，让政策领域强制性的措施来保障数字贸易基础设施建设的不断推进；数字贸易基础设施建设更要求为推进平台、工业互联网和安全三大体系的基础建设朝着深层次、宽领域方向发展，积极推动实体经济的数字化转型。数字贸易基础设施建设需要通过区域数字化产业集群促进基础设施的数字化升级，还需要通过智能物流网络等新基础设施的联合建设促进以数据为主导的模式创新。完善数字贸易体系需要将各个地方、各个领域相关的数字经济技术资源有效整合；完善数字贸易体系也需要建立以企业为主体，市场为导向的技术创新体系；完善数字贸易体系更需要通过电商平台、线上支付、智慧物流、数字监管等多样化的数字贸易方式理顺生产制造、交付消费的业务流、数据流，实现个性化的信息资源共享。

数字贸易专业人才是中国数字贸易实现高质量发展的关键要素，培养数字贸易专业人才是不可欠缺的环节，这不是一朝一夕所能达到的，而是一条充满荆棘的漫漫长路，这要求政府有良性的政策引导，也要求其为数字贸易专业人才提供较为合理的物质生活保障。完善人才培养引进机制是中国推进数字贸易高质量发展的重中之重。完善人才培养引进机制需要达到培养与引进并重、为数字贸易专业人才创造足够的发展空间和良好的工作环境、提供足够的生活保障和形成长效机制四个要求。只有达到这四个要求才能真正培养出人才，吸引来人才，挽留下人才。

三、工业数字化转型

目前，数字化已经在第一和第三产业领域不断渗透融合，并已经取得一定的成就。与此同时，中国工业数字化转型面临挑战。

（一）推进中国工业数字化转型的必然性

数字技术是推动我国工业企业转型升级的重要力量，工业企业要将数字技术引入企业生产与经营活动中，坚持以绿色低碳为指引，通过自主创新，建设智能型工厂，培育数字化工业企业，构建数字化工业产业链实现企业跨越式发展。在新冠疫情影响经济社会发展的背景下，以数字化为引领推动中国工业高质量发展，实现工业创新发展。

数字经济是高质量发展的主要业态，所以中国工业数字化转型是推动工业高质量发展的必然之路。此外，工业领域朝着数字化转型是工业绿色转型重要推手，数字经济助力工业绿色发展已经受到国家高度重视，国家不断推进互联网与绿色制造融合发展，促进绿色制造数字化、智能化、精益化提升。工业领域朝着数字化、绿色发展方向转型为国民经济高质量发展和生态文明建设提供强有力的支撑。

目前，数字技术已经被提升到国家战略层面，日益受到重视。数字技术的核心特性是数据的连接和转换，即万物互联。数字技术能够赋能工业，不断提高工业生产效率，推动工业转型升级。工业向创新驱动、绿色低碳、智能制造和数字化转型是顺应时代发展潮流的举措，工业企业改变传统的生产经营和管理方式，寻找更适合企业生存发展的新模式和新途径，达到缓解新冠疫情对中国工业生存发展面临的巨大压力。

（二）推进中国工业数字化转型的建议

推进中国工业数字化转型需要完善信息技术基础设施建设，也需要积极引导数字经济与实体经济深度融合，还需要推进传统工业数字化向工业绿色数字化发展模式的转型升级，更需要推动加深对数字经济绿色价值的理解。

推进中国工业数字化转型是顺应网络化、智能化的发展趋势所做出的决定，推动工业数字化转型需要产业结构优化升级，还需要扎实推进大数据、云计算、物联网、区块链等新一代信息技术与工业深度融合。推动工业向数字化方向转型升级不仅需要重视推动数字产业化，还需要着眼于推动产业数字化。

良好的发展环境是中国工业数字化转型的保障。营造良好的发展环境需要企业、社会和国家等各方共同努力：工业企业要加快数字核心技术攻关脚步，国家要加快推进数字基础设施建设，社会要加大数字化人才培育和集聚。

第三节　数字产业化发展

本节主要分析了我国当前数字产业化成就、数字产业化发展优势及劣势、数字产业化发展路径等内容。

一、我国数字产业化发展成就

数字产业化，即数字及相关技术产业化应用带来的经济增长，即信息通信产业（江小涓等，2021）。当前，我国数字产业化已取得一定成就，如图 2-1 所示，总体来看，2014—2019 年我国数字产业化规模发展呈显著上升趋势，2016—2017 年增长量最大，同比增长了 18.4%，2019 年我国数字产业化规模高达 70 878 亿元，占 GDP 的 7.2%。从各省份来看，广东省、江苏省由于本省信息化程度高，因此在信息产业方面领跑全国，2020 年两省数字产业化规模均高于 1.5 万亿元，占 GDP 比重均超过该省的 15%。

中国信息通信研究院在《中国数字经济发展白皮书（2021 年）》中指出，数字产业化具体包括电子信息制造业、电信业、软件和信息技术服务业、互联网行业等[①]，从数字产业化具体构成来看，具体发展情况如下：

① 中国信息通信研究院：《中国数字经济发展白皮书（2021 年）》，www.100ec.cn/index/detail-6591053.html。

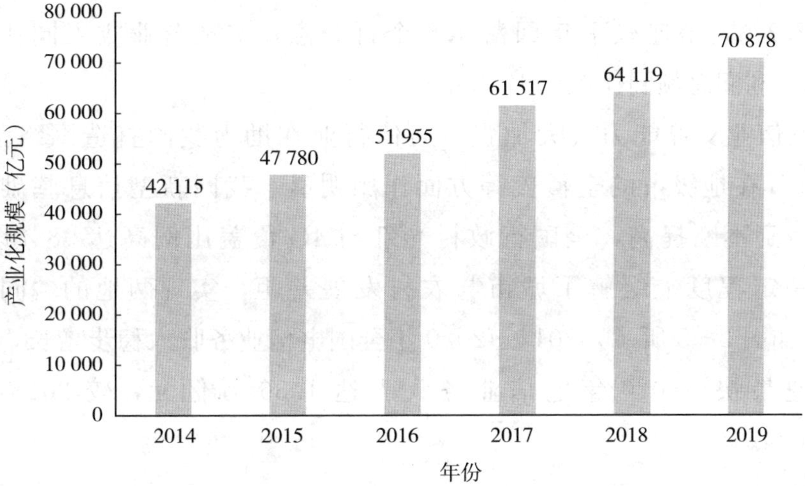

图 2－1　2014—2019 年中国数字产业化规模情况

数据来源：中国信息通信研究院。

电子信息制造业稳步上升。如图 2－2 所示，伴随着移动通信更新换代，电子信息制造业的发展呈现波浪式前进，2020 年 1—2 月明显回落，

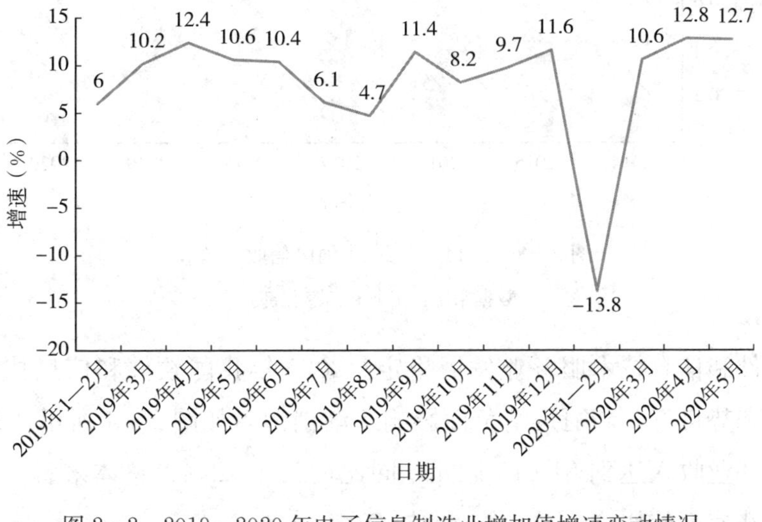

图 2－2　2019—2020 年电子信息制造业增加值增速变动情况

数据来源：工业和信息化部。

之后呈现稳步回升的趋势，2020 年规模以上电子信息制造业增加值同比增长 7.7%，增速较上年回落 1.6 个百分点，实现营业收入同比增长 8.3%，利润总额同比增长 17.2%。

电信业支撑能力大大加强。通信行业在助力我国打造网络强国，实现 5G 在地级市的全覆盖等方面作用明显，我国新型信息基础设施能力得到不断提高，全国行政村光纤与 4G 覆盖比例高达 98%以上，并在一定程度上缓解了城市与农村发展差距，实现两地的"同网同速"。如图 2－3 所示，2014—2020 年全国电信业务收入稳步增长，2017 年增速最快，2020 年电信业务收入达 1.36 万亿元，较 2018 年增长 4.6%。

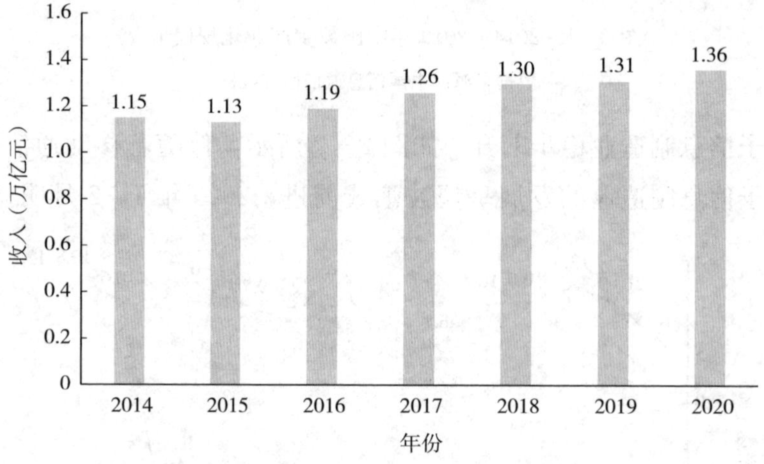

图 2－3　2014—2020 我国电信收入规模

数据来源：工业和信息化部。

软件和信息技术服务业发展稳定。2020 年我国软件和信息技术服务业发展态势良好，新冠疫情负面影响逐渐消散，如图 2－4 所示，2020 年我国软件业收入达到 81 616 亿元，同比增长 13.2%，整体来看，软件业收入上涨速度较快。

互联网和相关服务业增速放缓。如图 2－5 所示，2013—2020 年我

图 2-4　2013—2020 年软件业收入增长情况

数据来源：工业和信息化部。

国互联网和相关服务业收入实现稳步增长，从 2013 年的 3 317 亿元增长到 2020 年的 12 838 亿元，2020 年同比增长 13%，但增速呈现下降趋势。

图 2-5　2013—2020 年互联网业收入增长情况

数据来源：工业和信息化部。

二、数字产业化发展优势分析

数字经济政策日益完善。“十三五”时期，我国数字经济发展取得巨大进展。迈入“十四五”时期，我国不断加强顶层设计，出台了一系列政策保障数字经济的平稳发展，数字经济时代正加速到来，数字产业化作为数字经济的主要组成部分，发展优势得到显著提升。《中华人民共和国国民经济和社会发展第十四个五年规划和 2035 年远景目标纲要》中提出，要打造数字经济新优势、加快推动数字产业化。“十四五”规划明确构建了我国数字经济远景目标，为数字产业化的高质量发展营造了良好环境。数字经济上升为国家战略，是打造“数字中国”必要措施，在党中央统一领导下，相关部委先后出台了《数字农业农村发展规划（2019—2025年）》《数字乡村发展战略纲要》《数字经济及其核心产业统计分类(2021)》《新型数据中心发展三年行动计划（2021—2023 年）》《法治政府建设实施纲要（2021—2025 年）》等一系列政策举措，为各领域的数字化转型提供了指导。除此之外，各省份积极贯彻中央相关战略规划，因地制宜地出台了本省份发展规划、指导意见、促进条例、实施方案等，如浙江省发布的《浙江省数字化改革整体方案》、上海市发布的《关于全面推进上海城市数字化转型的意见》、北京市发布的《北京市促进数字经济创新发展行动纲要（2020—2022 年）》等。

数字经济韧性日益凸显。2021 年《中国数字经济发展白皮书》指出，2020 年在新冠疫情和全球经济增长乏力的双重影响下，我国数字经济依然达到 9.7%的高位增长，规模从 2005 年的 2.6 万亿元增长到 2020 年的 39.2 万亿元，既是经济复苏的新动能，又是经济保持高效稳定增长的重要动力。同期，我国数字产业化规模达到 7.5 万亿元，占数字经济比重的 19.1%，数字产业化发展后劲增强，逆势而上。一方面为我国数字经济发展提供了强劲动能，另一方面缓解了新冠疫情对我国实体经济的强势冲击，对社会经济发展的支撑能力大大增强。后疫情时代，数字产业化将从被动变为主动，从启动变为加速，迎来发展的黄金阶段。

三、数字产业化发展劣势分析

数字产业化基础存在薄弱环节。基础研究是创新的源头，当前我国在5G网络、数据中心、云计算、人工智能等方面成果丰硕，但仍存在现实矛盾，数字产业化基础仍有薄弱环节。具体表现为关键技术多次遭遇“卡脖子”困境。例如，光刻机、操作系统、手机芯片、核心工业软件、核心算法等技术对国外依赖度高，关键技术受制于人，从我国工业市场被国外垄断，到美国对华为所需高端芯片全面断供，我国企业每年花费大量资金购置相关产品、对相关技术需求较大，我国技术更迭相对缓慢，这严重阻碍了我国数字产业化的发展①。

产业集聚化发展水平较低。目前，我国存在各区域数字化发展水平不协调的情况，主要体现在东部沿海地区与中西部地区数字化发展水平的巨大差异。中西部地区数字化水平偏低，数字基础设施缺失，数字产业化集群较少，这阻碍了我国整体数字产业化的发展，各地区数字产业化发展需要进一步协同推进②。除地区差异外，由于各企业生态圈规模较小，辐射范围受限，难以带动上下游企业进行集聚，而有效串联起上下游企业，实现大中小企业协同发展是提高供给与需求适配、增强城乡互动关系的重要途径，但就目前来看，实现协同发展仍有难度。

数字产业化发展存在片面论。主要体现在以下两点：第一，技术投入大于过程实施。过量地购置国外最新的数字技术，一方面双方平等对话的天平会逐渐倾斜，我国企业在交易中的话语权将逐渐丧失；另一方面，超过企业实际需要的技术引进，也将导致过量的资源闲置、资源浪

① 王雨辰：《“新基建”视域下的基础设施供给方式研究》，《经济体制改革》，2021年第5期，第194－200页。

② 杜庆昊：《数字产业化和产业数字化的生成逻辑及主要路径》，《经济体制改革》，2021年第5期，第85－91页。

费。本质上来说，超过企业实际需要的技术引进以达到自身数字转型的行为，是片面的、误判的。第二，硬件投入与管理投入失衡。机器人、高端数控设备、智能传感器等硬件的重要性，我国工业企业已充分认识到，但认识上仍存在“重硬轻软”问题，只追求硬件所带来的可见收益，忽视企业数字化管理、组织等所带来的隐形收益，导致企业生产不规范，生产效率降低情况的出现，所以工业企业“重硬轻软”的片面认知亟须转变。

四、数字产业化发展路径分析

新发展阶段，数字、信息等要素尤为重要，如何用好“数字”，是产业化发展的大势所趋。当前，数字产业化面临重要的战略机遇期，后疫情时代数字产业化应从以下几方面发力：

首先，夯实发展基础，加快新基建建设。传统意义上的基础设施主要指能够在日常生活中为人们提供公共服务和保障国家社会经济活动正常运行的设施，而“新基建”主要指在新发展理念的指导下，通过技术创新和信息网络，提供数字转型、智能升级、融合创新等服务的基础设施体系，是面向高质量发展的需要。数字新基建是实现数字产业化的基础，加快建设新基建要以5G、人工智能、云计算、空间信息技术等领域为重点，强化应用牵引，充分发挥科技是第一生产力的带动作用，释放数字生产力，提高数字新基建服务数字产业化的能力。重点放在信息基础设施的建设与升级上，持续推进5G和光纤宽带“双千兆”网络建设。各城市应统筹编制信息基础设施发展规划，完善政府顶层设计，明确发展目标，合理布局，清单式推进，持续扩大城市5G覆盖面积，打造智慧城市，同步推进“智慧交通”“智慧医疗”“智慧文旅”“智慧学校”等内容，在传统基础设施的转型上持续发力。

其次，巩固产业优势，打造数字产业集群。第一，聚焦数字产业化龙头企业，充分巩固龙头企业产业链、供应链建设，围绕龙头企业优势，发挥辐射作用，吸引产业链上下游企业聚集，为上下游企业搭建平台，深化产学研合作，补齐中小企业产业链、供应链短板，形成数字产业集群。第二，提升产业集群效应，实现集群企业协同创新，致力于打造一批具有国际竞争力的数字产业集群，为区域经济发展提供新动能。第三，加强基础技术攻关，为数字产业集群提供配套基础技术。

再次，强化科技创新，解决“卡脖子”问题。软件和信息服务业内加强科技创新，鼓励企业在操作系统、高端工业软件、高性能数据库等领域取得突破，实现基础科学软件的自主研发，抢占软件和信息服务技术制高点，缓解产业链“卡脖子”困境。贯彻落实科教兴国战略和人才强国战略，加大对人才的重视与培养。在集成电路方面，重点加强 7 纳米及以下芯片工艺、浸没式光刻机等研发能力；在信息通信方面，进一步增强 5G 的高质量研发，抢占 6G 研发高地；在人工智能方面，具体在理论体系的构建、算法、AI 芯片等方面实现突破；在区块链方面，加强区块链技术研发平台的孵化。

最后，促进数字化消费，拉动国内国际“双循环”。加大对数字化消费需求的挖掘，引导新的消费奇点的出现，要加快新一代信息技术同传统产业的有效衔接，鼓励新一代信息技术率先深入旅游、文化、体育、健康、养老五大幸福产业，运用大数据、物联网、人工智能等技术实现传统产业向高端、智能、环保转型，拉动内需，带动数字化消费，进一步加快“双循环”新发展格局的构建。丰富数字产品内涵和形式，满足人民群众日益增长的物质文化需要。健全数字化消费监督体系，规范数字化消费过程，保障群众、个人信息安全，营造安全、良好的消费环境。

第四节　数字化与产业化案例研究

中国各省份数字化与产业化发展具有各自的特点，结合各自结构转型的优势和特点，在数字经济要素循环机制、新型生产关系、资源要素配置、产业集聚发展模式等方面创新探索，充分释放新动能。本节选取广东省、浙江省和福建省作为数字化与产业化特色区域，分别作为数字产业基础、数字融合应用、数字经济政策引领等方面的发展模式，为各地发展数字化与产业化提供可参考案例。

一、培育电子信息先进制造业

2019年广东省数字经济指数位居全国第一，数字经济指数为85.56。核心数字产业——数字集成应用和数字经济需求指数排名全国第一；在数字产业化方面，广东省数字产业化增加值规模约1.73万亿元，数字经济高新技术企业达2.2万家，均居全国第一。从数字核心产业看，广东省电子信息制造业营业收入4.29万亿元，同比增长3.3%，规模连续30年居全国第一；全省软件业收入1.36万亿元，同比增长14.8%，规模居全国第二；超高清视频、大数据、人工智能、区块链等新兴产业走在全国前列，拥有一批高水平的国家级示范区、先导区。此外，数字技术在新冠疫情防控期间发挥巨大作用。在产业数字化方面，广东省产业数字化增加值规模约3.47万亿元，居全国第一[①]。目前，广东省以工业互联网推动制造业数字化转型，已累计推动1.7万家工业企业"上云上平台"、55万家中小微企业"上云用云"。此外，广东省数字贸易、电子商务持续在全国领先，拥有13个跨境电商综合试验区、10个国家电子商务示范基地。2020年，广东省网络零售额约3.02万亿元，同比增长11%，在全国占比为25.7%。数字金融、互联网医疗、线上办公等新业态新模式蓬勃发展。在数字基础设施建设方面，截至2021年7月底，广东省已累计建成5G基站13.4万座，居全国第一。在全国率先开通工业互联网标识解析国家顶级节点，已建成33个行业（区域）标识解析二级节点，累计标识解析量

① 数据来源：《中国区域与城市数字经济发展报告（2020年）》。

33.4 亿个[①]。数字创新因素和数字政策环境指数排名全国前五。平衡的产业、人力、技术、政策以及需求基础，一方面来源于广东省数字经济需求的不断扩大，另一方面则是缘于数字经济的供给能力不断提高，供需两侧共同推动广东省数字化与产业化的发展。借助粤港澳大湾区国际科技创新中心等主要载体，探讨数字经济创新要素高效配置机制，为粤港澳大湾区的发展提供有力支持。

广东省数字产业集群优势突出，《广东省培育电子信息等五大世界级先进制造业集群实施方案（2019—2022 年）》及《五大产业集群专题行动计划（征求意见稿）》提出，到 2022 年，基本形成新能源汽车、智能家电、AI 机器人、电子信息、绿色石化五大世界级先进制造业集群。目前，深圳、东莞、惠州等地电子信息制造业基础十分发达，是名列前茅的全国信息产业区域。同时，广东省正在积极成为全球数字经济产业中心。落户广州市的人工智能和数字经济试验区，已有超过 240 个重大项目入驻和签约，项目总投资超过 5 800 亿元。位于珠江南岸的琶洲核心区（包含广州大学城区域）已吸引了一大批引领数字经济潮流的企业，如 Vipshop、腾讯、阿里巴巴等。此外，广州、深圳、广深科技创新走廊、珠江三角洲国家大数据综合试验区和中国制造 2025 国家级示范区，在空间整体布局上形成了“双核一廊两区”，并向周围区域不断扩展，体现辐射引领和带动示范作用，在广州、深圳的“双核”周边打造数个各具特色的小镇，如华为终端总部基地——华为欧洲小镇，承载华为大学、研发中心、中试中心等研发创新任务。

数字创新动力强劲。广东省着力发展集成电路、新型显示器、区块链、4K 电视等新一代信息技术产业，这些构成了广东省数字经济发展的重要支柱。近几年，广东省紧跟技术前沿，培育创新要素。值得一提的

① 佚名：《深圳：打造数字经济产业发展高地》，《信息化建设》，2021 年第 3 期，第 30 页。

是，在5G通信技术的发展中，广州开发区、广州高新区率先在全国推出“新基建10条”。积极建设网络空间科学与技术、先进制造科学与技术等领域实验室，为数字经济发展提供支持。全面推进“粤海智桥计划”“高层次特殊人才支持计划”与“珠江人才计划”，吸引数字经济高层次短缺人才。推动粤港澳大湾区国际科技创新中心建设，构建数字经济可持续发展的科技成果转移服务体系，实施数字经济领域关键核心技术攻关行动。

广东省在数字化与产业化发展过程中将充分发挥数据资源和数字技术“两大要素”的驱动作用。数据资源方面，广东省将推动数据新型基础设施、数据运营机构和数据交易场所等核心枢纽建设，完善数据要素交易规则和监管机制，充分释放数据要素市场价值。到2025年，广东省将初步形成“理念先进、制度完备、模式创新、高质安全”的数据要素市场体系。广东省还将优化公共数据资源开发利用环境，深入推进政府部门首席数据官制度试点，持续推进全省政务信息能力和公共数据资源普查，以公共数据需求较为迫切的46个应用场景为抓手，开展公共数据资源开发利用试点工作，加快培育数据要素市场，研究推进数据要素统计核算、数据跨境流通监管、数据资产凭证颁发、数据交易场所建设等试点工作。在数字技术方面，广东省将加强关键核心数字技术攻关，做大做强鹏城国家实验室、人工智能与数字经济广东省实验室（广州、深圳）等高水平创新平台。到2025年，全省将实现全社会基础研究经费投入占研发经费比重达10%。

二、打造“数字丝路”经济合作试验区

2021年4月，福建省经济信息中心发布了《2020年福建省数字经济发展指数评价报告》，结果显示，2020年福建省数字经济发展指数达74.58，数字经济规模突破2万亿元人民币，增速达17.6%，占福建省GDP的比重超过45%，比上年提高5个百分点。在数字发展基础上，厦

门、福州数字发展基础优势明显，进入第一方阵①。厦门市在传统基础设施、公共基础、公共素养基础方面具有优势，位列福建省第一。福州市的新型设施基础为福建省第一，同时，包括传统设施基础、公众载体基础和公众素养基础三项在内的综合水平也处在福建省前列。在数字技术创新上，福州、厦门的综合水平的评价结果也名列前茅。相对于数字发展基础方面，福州在数字技术创新中领先于厦门。在数字社会应用方面，福州、厦门在数字社会应用方面位列第一梯队，其中福州市的数字民生应用得分福建省最高，数字消费得分也为福建省第一名；厦门市的电子商务水平远超省内其他地市。在数字治理水平方面，厦门、福州的数字治理水平位列第一梯队，其中厦门市在数字市场得分福建省领先优势明显，福州市在数字共享与保障指标上福建省领先。在数字产业发展方面，福州、泉州的数字产业发展位列第一梯队，其中福州市在数字产业化和产业数字化齐头并进，得分福建省领先，泉州市在产业数字化方面得分福建省第二，厦门、漳州和莆田位列第二梯队。厦门市的数字产业化得分福建省第一，漳州市的数字经济结构得分位居福建省第一，莆田市在数字经济结构得分方面具有优势。更牢固的数字经济发展基础和良好的政治环境有助于进一步发展福建省的数字化与产业化。福建省持续推广“数字福建”的经验建设，深化政务数据和社会数据的结合应用，围绕“数字丝路”、卫星应用、智慧海洋等开展地方特色试验②。

建设数字丝绸之路的信息枢纽中心。福建省围绕与共建“一带一路”国家和地区在数字化、信息化领域的交流与合作，在三个方面做出努力，即加强信息互联互通的枢纽功能、建设人文交流信息化的纽带功能、建设国际经贸合作的平台的信息化功能。升级并且完善网络基础设

① 陈楠：《2020 福建数字经济规模突破 2 万亿元　福建厦门持续领跑》，海峡网，http://www.toutiao.com/article/6954180108689080840/?&source=m_redirect。

② 佚名：《福建：以“数字福建”开展特色领域探索》，《信息化建设》，2021 年第 3 期，第 27 页。

施，建设国家级的离岸数据中心（平潭）、建设“海上丝绸之路”空间信息港、建设丝路网络安全协作机制、促进“丝路电商”合作、建设“丝路智慧口岸”、建设“数字丝路”经济合作试验区、建设华人华侨的数字化公共服务平台等。截至2020年，福建省已征集并筛选了51个“数字丝绸之路”的建设方案，并且纳入实施方案，总投资已超过500亿元①。

努力构建“智慧海洋”交互平台。福建移动借助优质的网络平台和领先于行业的智能中台体系，积极探索发展5G、大数据、AI等新技术与海洋场景的结合，搭建数字化智能海洋全业务互动平台，积极整合数字经济资源，聚合生态，进一步为数字福建的建设和智慧海洋发展做出贡献。2019年3月，福建移动在惠海海域部署了泉州市首批覆盖海面的5G基站，初步以数字化、信息化手段服务于海洋管理、环境监测等工作的探查。2019年4月，5G无人监测船完成首航，实时将巡航视频、监测图像、检测数据回传，颠覆了传统的人工巡航和环境检测的监管模式，极大地降低了水质监测成本，缩短采取样本的时间和难度，同时安全性也得到了保障②。

建设“海上丝绸之路”卫星互联互通中心枢纽。福建省从数字政府、乡村振兴、数字化智慧城市、闽台融合和海天丝绸之路五个方面入手，全面实施“卫星+”示范应用工程。目前，福建省卫星应用产业发展势头较好，逐步建立了以企业为主体、产业应用为主导、以公共服务平台为支撑、行业延续为载体的功能模式。经过多年探索发展，福建省卫星应用产业已初步形成地面设备与用户终端制造、卫星应用系统集成以及空间信息综合服务产业链。产业链涵盖基础研究、基础建设、核心器件、终端产品与运营服务五大类。在基础的研究领域内，福建省多个

① 陈楠：《2020福建数字经济规模突破2万亿元　福建厦门持续领跑》，海峡网，http://www.toutiao.com/article/6954180108689080840/?&source=m_redirect。

② 蒋雅琛：《从权威报告看数字福州实力》，《福州日报》，2021年4月23日第3版。

高等院校和科研院所承担了多项国家级、省部级的研究课题，在雷达数据的处理与应用、海洋水色遥感和红外遥感、海岸生态环境遥感监测的无人机获取数据等方面积累了大量的科研数据和经验①。基础建设上，福建省北斗连续运行参考站在全省范围内初步建立起高精度的、动态的、连续的地理空间信息基准框架，可根据用户要求，提供厘米级、分米级、亚米级、米级精确定位服务。在终端产品领域，相关科技公司的卫星定位汽车行驶记录仪市场占有率居全国前列。部分企业信息安全产品、办公系统以及精图信息的天地图等，在全国卫星应用产业中占有一席之地。运营服务方面，相关企业开展福建省车（船）联网项目的运营业务，开发兼容GPS（全球定位系统）、北斗的车（船）网位置综合服务；有的企业开发航海应用领域的北斗船用产品、北斗航海个人产品业务和船舶自动识别系统（AIS平台）运营服务。

三、数字经济赋能传统制造业

2019年浙江省数字经济指数为78.4，排名全国第五。2020年浙江省数字经济增加值达到30 218亿元，在国内生产总值中占比达到46.8%，总量规模跃居全国第四，先后获批全国首个信息化、数字化、产业化、工业化深度融合国家示范区、国家信息经济示范区、首批国家数字经济创新发展试验区。通过不断摸索发展，形成了具有浙江省特色的数字经济发展方法路径。浙江省在物联网和电子商务等领域的产业和生态基础良好，发展数字经济具有先天优势，促进了长三角地区数字经济生态的快速发展。浙江省已经将数字经济列为全省一号工程，加快构建以新经济为引领的现代化经济体系，在全国数字经济发展中处于领先地位。

---

① 何祖谋：《小卫星有大作为》，福建日报数字报，https://fjrb.fjdaily.com/pc/con/202009/19/content_39516.html。

探索与发展数字经济必须做好数字经济的顶层设计，把握其发展方向与规律。浙江省在数字经济发展上坚持保持战略思维，系统谋划、总体布局的总思想。在2017年浙江省委就提出实施数字经济一号工程将其作为推动质量变革、效率变革、动力变革和实现高质量发展的新动力。首先，构建数字经济发展的重要支柱。制定国家级数字经济示范省建设方案，不仅仅以浙江省为中心，而是面向全国、放眼全球的发展战略，对标发达国家以及国内先进省份，提出“三区三中心”的总体建设目标和发展定位。其次，完善数字经济政策的支撑体系。先后制定城市大脑、数字大湾区、移动支付平台之省的标志性引领项目等多个专项行动方案，出台落实数字经济发展政策①。

同时，优化数字经济的工作体系。与沪、苏两地相比，浙江省的传统制造业整体偏弱，但是数字经济更加发达，浙江省更注重数字经济赋能传统制造业，推动全省制造业向数字化与产业化发展，向智能制造转型与升级，打造产业数字化转型示范区。深化以“产业大脑＋未来工厂”为核心的数字经济系统的建设，全面启动30个细分行业产业大脑、36个产业集群新制造试点、33家“未来工厂”建设试点投入建设，上线试运行10家行业产业大脑，场景应用80个，实现连接设备22 601台、工业企业App超过2 000个，对接企业12 252家。为促进浙江省数字化与产业化发展，深化“1＋N”工业互联网平台体系的构建，推广“上云用数赋智”集成应用，大力发展“制造＋服务”新业态，创建省级服务型制造示范企业（包括平台）78家，带动浙江省中小企业全面向数字化与产业化转型。打造全球级的数字交易中心和新型金融中心，集中拓展场景应用，推动电子商务、直播带货、科技金融、共享数字经济等新业态、新模式。据统计，2021年1—11月，浙江省电商零售额达到22 077.5亿元，同比增长

① 阎逸、夏谊、姚海滨：《广东数字经济发展的经验及启示》，《浙江经济》，2019年第16期，第38-39页。

11.4%，位列全国第二；同时，浙江省稳步发展跨境电商综合试验区与51个集群产业跨境电商发展试验点的建设。积极推动数字乡村的创新发展。加快实施数字乡村建设，促进数字技术与农业生产、运输、销售相结合，推进乡村治理与数字农业深度融合，截至2022年1月，浙江省创建数字化农业工厂150个，带领900多个种植、养殖基地完成数字化与产业化的转型改造，20个县启动实施“互联网＋”农产品计划，新增12个电商进农村综合示范县，农业生产数字化、产业化水平位居全国第一。

智能化综合性数字基础设施是打通经济社会发展的信息“大动脉”的关键所在。浙江省以“高速泛在、天地一体、云网融合、智能敏捷、绿色低碳、安全可控”为方向，大力发展数字基础设施。推进网络基础设施“提速”。首先，实施“5G＋”行动，率先开展5G基站建设“一件事”集成改革。截至2021年12月，全省累计建成5G基站10.5万个，累计开展5G创新应用项目超过700个，98个项目入选工业和信息化部“5G＋医疗健康”应用试点项目，入选数量位居全国第二。国家（杭州）新型互联网交换中心建设稳步推进，累计接入企业74家，签约69家。其次，大力布局新型基础设施。根镜像服务器、云计算中心等新型基础设施建设稳步推进，阿里巴巴长三角智能数据中心、乌镇之光（桐乡）超算中心启动建设，累计建成各类数据中心193个，联合国大数据全球平台中国区域中心落户杭州，城市大脑平台、视觉感知平台先后入选国家新一代人工智能开放创新平台。最后，打造智能融合基础设施。根据城市安防、交通、医疗、文旅等重点场景的应用需求，部署神经元感知节点，打造数字孪生城市底座。

发展数字经济是把握新一轮科技革命和产业变革新机遇的战略选择，是构建新发展格局、构建现代化经济体系、构筑竞争新优势的必由之路。浙江省将深入贯彻习近平总书记重要讲话精神，对标“重要窗口”、共同富裕、现代化先行省的新目标、新定位，实施数字经济“一号工程”2.0，高水平建设国家数字经济创新发展试验区，加快形成以数字化改革为引领的“三区三中心”发展格局，力争成为全球数字技术创新、产业创新、制度创新、理念创新的重要策源地，把数字经济打造成为具有中国气派和浙江辨识度的标志性成果。

四、5G网络覆盖电子信息制造业与软件领域

深圳是世界数字经济产业的重要城市，拥有强大的软件行业和电子信息制造业基础，企业竞争力不断提高，产业规模不断发展。2020年，深圳市数字经济的核心产业增加值占全市GDP的30.5%，质量和规模都处于全国前列。深圳培育了大批如华为、中兴通讯、腾讯、平安科技等具有核心科技竞争力的以数字生态为主导的企业。数据显示，深圳市的21家企业为2020年中国电子信息竞争力100强企业，软件服务业收入约占全国10%；2019年中国软件服务业收入百强企业中11家是深圳市企业，总量排在全国大中城市中第二位；7家企业入选2020年中国互联网企业综合实力百强企业，排名全国第三位。深圳数字经济创新能力不断提升。目前，深圳高水平规划建设鹏城实验室、人工智能与数字经济广东省实验室（深圳）、粤港澳大湾区数字经济研究院等重大创新载体，着力构建鲲鹏创新平台体系；推动全国首家开放原子开源技术服务中心落户，提供开源领域的基础设施、知识产权、法务及开源文化推广等方面专业服务①。

深圳被评为“最互联网”的城市，深圳市政府全面布局以5G技术为代表的数字基础设施建设，截至2020年，深圳市已建成5G基站4.9万个，率先在全国甚至全球实现5G信号的全面覆盖，荣获2020年5G独立组网最佳城市称号，2021年获得地铁、商场、公园、主要道路等场所5G网络质量优秀城市的评价。重点公共场所已基本实现5G WLAN全面覆

① 戴艳梅：《规模突破1.7万亿元数字经济成为福建高质量发展新引擎》，台海网，http://app.taihainet.com/print.php?contentid=2392588。

盖，深圳市政府加速千兆光纤的部署与建设，物联感知网初具雏形，实现NB-IoT网络市区重点区域感知设备初步覆盖。深圳市不断优化数字经济产业布局，打造若干大中小企业协同发展的特色产业链，重点发展软件与信息服务、工业互联网、人工智能、数字创意、金融科技、区块链与量子信息、半导体与集成电路等数字经济产业。以“互联网+”未来科技城等重大项目为引导，推动数字经济产业园、数字经济小镇、数字经济小微园区建设。

推动“5G+工业互联网”模式，深圳市不断完善工业互联网的政策体系，在产业培育方面，深圳市创立了“深圳市工业互联网专家委员会”，重点为工业互联网发展提供有力支撑。同时，积极推动华为、腾讯、富士康等龙头企业联合成立“深圳市工业互联网联盟”，共同推动行业资源对接和应用推广。举办“工业互联网大会”等活动，积极分享企业数字化转型的经验与方法。形成了以专家论点为支点、以产业联盟为主体、以产业集群为依托的体系优势，全面打造出优质良性的工业互联网发展生态。在应用模式建设上，深圳市不断推动工业互联网探索创新，新模式、新业态不断出现，呈现出融合应用逐渐多样、应用生态日趋成熟的良好发展势头。速加网、衣全球等一批“网络工厂”，创新了“深圳+珠三角”，即“总部+工厂”的跨地域生产制造的新模式、新业态①。

① 佚名：《深圳：打造数字经济产业发展高地》，《信息化建设》，2021年第3期，第30页。

第三章

数字贸易服务和融入新发展格局的区域比较

本章主要从区域视角阐述数字贸易服务和融入新发展格局的内在逻辑，内容包括数字贸易发展环境评价、各地区数字贸易发展水平测算和空间特征等。

第一节 数字贸易发展环境评估体系

随着数字经济时代的到来，数字贸易已经成为国际贸易创新发展的驱动力，国际贸易的数字化转型趋势逐渐突出。数字贸易作为数字经济时代国际贸易的新形态，对全球价值链分工产生了深远的影响[①]。中国信息通信研究院在2020年发布的《中国数字贸易发展白皮书（2020年）》中提到，截至2019年，全球数字服务贸易（出口）规模达到了31 925.9亿美元，同比增长3.75%，增速超过同期服务贸易和货物贸易，占服务贸易比重上升至52.0%，占全部贸易比重上升至12.9%[②]。数字贸易规模迅速

---

① WTO：《World Trade Report 2019：the Future of Services Trade》，Geneva。

② 中国信息通讯研究院：《数字贸易发展白皮书（2020年）》，http://baijiahao.baidu.com/S?id=1687289204634278986&wfr=spider&for=pc。

扩大，中国经济高速向高质量发展的同时，数字贸易比重也在迅速增长，在商务部发布的《中国数字贸易发展报告2020》中显示，“十三五”时期，我国的数字贸易额由2015年的2 000亿美元增长到2020年的2 947.6亿美元，增长了47.4%，占服务贸易的比重从30.6%增长到44.5%；同时，预估我国数字贸易规模在“十四五”时期将会持续扩大，到2025年，可数字化的服务贸易进出口总额将超过4 000亿美元①。数字贸易是数字时代的代名词，为经济增长提供了人才、技术、服务、资金等，汇集了资源的共享平台，提升了效率，对国际经济贸易的发展有着深远的影响。

《中华人民共和国国民经济和社会发展第十四个五年规划和2035年远景目标纲要》中提出，要坚持扩大内需战略基点，加快构建以国内大循环为主体、国内国际“双循环”相互促进的新发展格局。在“十三五”期间，我国数字贸易发展条件如何？如何推动数字贸易的发展？本节将重点分析我国各地区的数字贸易发展条件，为我国各省份数字贸易的发展提供参考。

一、数字贸易发展环境评估的指标体系

为了把数字贸易的发展现状梳理得更加清晰，为世界提供一个全面、客观的数字贸易发展报告，马述忠等（2018）在《2018世界与中国数字贸易发展蓝皮书》中构建了一套评价数字贸易的指标体系，结合各国的数字贸易发展战略背景与实际发展条件，建立了6个一级指标，13个二级指标。一级指标包括互联网水平、支付方式、物流绩效、电子商务、法律监管和贸易潜力。在对我国数字贸易发展水平测算时，其选取了互联网环

① 央视新闻客户端：《2020年我国数字贸易额为2 947.6亿美元数字贸易法律政策体系初步形成》，http://m.news.cctv.com/2021/09/03/ARTINIPTtvQ6QGCJFMZWF7-xU210903.shtml。

境、物流环境、政策环境、贸易潜力4个指标。这两种指标方法既有共性又有区别，都包括互联网的水平、贸易潜力2个指标。本书在法律监管、支付方式等没有使用特别的统计，因此借鉴马述忠等（2018）的数字贸易指标体系，分别从互联网水平、物流环境、政策环境、贸易潜力4个方面构建指标，分析我国各地区数字贸易的发展条件（表3-1）。

表3-1 数字贸易发展条件指标

一级指标	二级指标
互联网水平	电话普及率
	互联网宽带接入用户数
	移动互联网用户数
	域名数
物流环境	运输线路长度
	物流相关活动从业人员数量
	交通运营能力指数
政策环境	跨境电子商务综合试验区数量
	跨境贸易保税物流中心（B型）数量
	外商投资企业货物进出口总额
	外商投资总额
贸易潜力	社会商品零售额
	人均地区生产总值
	货物进出口总额
	技术市场成交额

注：交通运营能力指数=（该省份铁路营业里程/全国铁路营业里程+该省份内航河道里程/全国内航河道里程+该省份公路里程/全国公路里程）/（该省份国土面积/全国陆地领土面积）；物流相关活动从业人员数量是指从事铁路、水上、道路、航空运输业等人数的总和。

数字贸易的发展离不开信息、物流的支撑，互联网环境是数字贸易发展的基础。电话普及率、互联网宽带接入用户数、移动互联网用户数可以反映各省份互联网的发展水平，域名数可以体现出互联网基础设施水平。商品的流通离不开物流的传输，运输线路环境和物流相关活动从业人员数量反映了各省份物流的基础设施建设和规模情况。在政策环境指标中，跨境电子商务综合试验区数量、跨境贸易保税物流中心（B型）数量可以反映出各省份跨境贸易基础设施建设情况；外商投资企业货物进出口总额和外商投资总额反映出各省份吸引外商投资能力，对数字贸易发展也会有一定的促进作用。贸易潜力是一个省份经济发展水平的展现；技术市场成交额则反映了各省份在对互联网发展方面的研发、投入情况。

二、数字贸易发展因子分析

（一）数字贸易发展 KMO 检验

本节使用因子分析对数字贸易 15 个指标进行因子提取，在使用因子分析之前，对数据进行标准化处理，再进行相关性检验，检验结果如表 3-2 所示。

表 3-2　KMO 与巴特利特检验

项目		数值
KMO 取样适切性量数		0.826 000
巴特利特球形度检验	近似卡方	2 905.434
	自由度	105.000
	显著性	0.000

如表 3-2 所示，KMO 的值为 0.826 000，大于 0.6，说明变量之间存在较强的相关性，显著性为 0.000，说明拒绝不存在相关性的原假设，是存在相关性的，因此可以继续进行因子分析。

（二）数字贸易发展总方差解释

方差贡献率可以解释方差的比率，一般我们使用的是旋转后的方差贡献率，可以解释因子的重要程度，方差贡献率越大，表明因子越重要。如表 3-3 所示，一共从 15 个指标中选取了 4 个因子，第一个因子的方差贡献率为 25.664%，可以解释 50%的成分，第二、三、四个因子的方差贡献率分别为18.947%、9.234%、6.748%，4个因子的累计方差贡献率达到了85.651%，总和超过了80%，对全部指标可以解释达到85.651%，即达到了降维的目的，因此可以选择给出的因子数，即4个因子。

表3-3　总方差解释

成分	初始特征值			提取载荷平方和			旋转载荷平方和		
	总计	方差贡献率（%）	累计方差贡献率（%）	总计	方差贡献率（%）	累计方差贡献率（%）	总计	方差贡献率（%）	累计方差贡献率（%）
1	7.608	50.723	50.723	7.608	50.723	50.723	3.850	25.664	25.664
2	2.842	18.947	69.669	2.842	18.947	69.669	3.717	24.781	50.445
3	1.385	9.234	78.903	1.385	9.234	78.903	3.136	20.905	71.350
4	1.012	6.748	85.651	1.012	6.748	85.651	2.145	14.300	85.651
5	0.578	3.853	89.504						
6	0.455	3.035	92.539						
7	0.302	2.010	94.549						
8	0.223	1.485	96.035						
9	0.157	1.050	97.085						
10	0.149	0.996	98.081						
11	0.111	0.742	98.823						
12	0.074	0.493	99.317						
13	0.057	0.381	99.698						
14	0.031	0.205	99.903						
15	0.015	0.097	100.000						

（三）数字贸易发展旋转成分矩阵

如表3-4所示，在成分1中，移动互联网用户数、运输线路长度、互联网宽带接入用户数的系数分别为0.873、0.813、0.810，这些指标的载荷系数较大，因此把成分1归纳为互联网水平因子。成分2中，外商投资企业货物进出口总额、交通运营能力指数的系数分别为0.852、0.872，在此列中系数最大，把成分2归纳为物流环境因子。成分3中，技术市场成交额、电话普及率、人均地区生产总值的系数最大，分别为0.900、

0.803、0.715，把成分3归纳为贸易潜力因子。成分4中，跨境贸易保税物流中心（B型）数量、跨境电子商务综合试验区数量的系数最大，分别为0.913、0.862，把成分4归纳为政策环境因子。

表3-4　旋转成分矩阵

指标	成分1	成分2	成分3	成分4
移动互联网用户数	0.873	0.341	0.145	0.252
运输线路长度	0.813	−0.289	−0.307	0.138
互联网宽带接入用户数	0.810	0.301	0.065	0.423
社会商品零售额	0.770	0.454	0.225	0.294
物流相关活动人员	0.637	0.472	0.518	0.067
外商投资企业货物进出口总额	0.339	0.852	0.254	0.137
交通运营能力指数	−0.021	0.872	0.208	0.093
货物进出口总额	0.469	0.769	0.179	−0.063
外商投资总额	0.254	0.668	0.313	0.349
技术市场成交额	0.110	0.065	0.900	0.157
电话普及率	−0.177	0.400	0.803	0.082
人均地区生产总值	−0.105	0.555	0.715	0.170
域名数	0.435	0.196	0.676	0.052
跨境贸易保税物流中心（B型）数量	0.199	0.033	0.115	0.913
跨境电子商务综合试验区数量	0.296	0.199	0.150	0.862

主成分法从15个指标中提取出4个因子，分别定义为互联网水平、物流环境、贸易潜力、政策环境，因子分析法进一步得出各因子的得分。我们把互联网水平、物流环境、贸易潜力、政策环境指标作为数字贸易发展环境，能够反映出各省份的数字贸易发展环境得分。互联网水平、物流环境、政策环境、贸易潜力因子得分分别用F_1、F_2、F_3、F_4表示。数字贸易发展环境得分、市场潜力得分、综合得分计算公式如式3-1、式3-2、式3-3，a_1、a_2、a_3、a_4为各因子方差贡献率，F为总方差贡献率。

$$数字贸易发展环境得分=\frac{F_1\times a_1+F_2\times a_2+F_3\times a_3}{a_1+a_2+a_3} \quad (3-1)$$

$$市场潜力得分=F_4 \quad (3-2)$$

$$综合得分=\frac{F_1\times a_1+F_2\times a_2+F_3\times a_3+F_4\times a_4}{F} \quad (3-3)$$

三、数字贸易发展环境分析

根据因子分析得到的各省份数字贸易发展环境得分，如表 3-5 所示，中国各省份数字贸易的发展环境有着不同的侧重点。在“十三五”期间，数字贸易发展环境平均得分排名前三的省份为广东省、江苏省、北京市，得分为 1.315 3、0.967 2、0.743 8。由此可知，这三个省份的数字贸易基础比其他省份有更高的水平。从天津市开始，数字贸易发展环境得分为负数，说明数字贸易发展环境还有很大的提升空间，重点侧重建设数字贸易基础设施方面。

如表 3-6 所示，目前广东省的数字贸易发展条件综合得分排名第一，江苏省和北京市综合得分分别排第二位和第三位。从整体来看，数字贸易综合得分排名前十的省份得分均为正数。从第十一位开始，数字贸易发展综合得分开始为负。从地区来看，东部地区的数字贸易发展条件普遍高于中部和西部地区，并且西部地区的发展环境条件和数字贸易综合得分均排在末尾，因此西部地区的数字贸易发展条件亟待改善。

如表 3-7 所示，北京市的数字贸易发展潜力因子排名第一，结合北京市的发展环境，北京市目前数字贸易发展状况较好，并且未来也有很大的发展潜力。福建省数字贸易发展环境得分排名第七位，数字贸易发展潜力因子排名第二位，主要是由于近年福建省出台了一系列数字贸易发展的文件，积极建设数字贸易发展基础设施环境，在 2021 年，福建省人民政府印发《国家数字经济创新发展试验区（福建）工作方案的通知》等，这将会积极促进福建省数字贸易的发展。江苏省的数字贸易发展潜力因子得分排名则排在了第十七位，目前江苏省的数字贸易发展环境好，互联网基础环境、物流环境以及政策环境远超其他省份，说明现在江苏省的数字贸易发展水平比较好，但是未来发展潜力比较小。

表 3-5 中国各省份数字贸易发展环境得分

省份	得分	排名	省份	得分	排名	省份	得分	排名
广东	1.315 3	1	天津	−0.017 6	12	广西	−0.284 5	23
江苏	0.967 2	2	安徽	−0.074 4	13	黑龙江	−0.287 1	24
北京	0.743 8	3	河北	−0.087 0	14	云南	−0.352 7	25
浙江	0.639 1	4	重庆	−0.108 6	15	贵州	−0.385 8	26
上海	0.602 2	5	陕西	−0.123 1	16	新疆	−0.394 1	27
山东	0.428 6	6	湖南	−0.126 9	17	宁夏	−0.404 3	28
福建	0.229 2	7	内蒙古	−0.207 9	18	甘肃	−0.411 6	29
四川	0.140 7	8	吉林	−0.236 1	19	青海	−0.427 4	30
辽宁	0.049 3	9	海南	−0.268 5	20	西藏	−0.440 9	31
河南	0.048 2	10	山西	−0.273 8	21			
湖北	0.027 4	11	江西	−0.278 5	22			

表 3-6 各省份数字贸易发展综合得分

省份	得分	排名	省份	得分	排名	省份	得分	排名
广东	1.660	1	辽宁	−0.022	12	黑龙江	−0.294	23
江苏	1.050	2	湖南	−0.030	13	吉林	−0.332	24
北京	0.610	3	安徽	−0.062	14	贵州	−0.352	25
上海	0.580	4	陕西	−0.108	15	新疆	−0.404	26
山东	0.576	5	重庆	−0.142	16	海南	−0.426	27
浙江	0.540	6	天津	−0.208	17	甘肃	−0.436	28
四川	0.260	7	江西	−0.244	18	西藏	−0.502	29
河南	0.232	8	广西	−0.262	19	宁夏	−0.552	30
福建	0.220	9	山西	−0.284	20	青海	−0.558	31
湖北	0.078	10	内蒙古	−0.288	21			
河北	−0.004	11	云南	−0.290	22			

表 3-7　各省份数字贸易发展潜力因子得分

省份	得分	排名	省份	得分	排名	省份	得分	排名
北京	4.749 4	1	吉林	−0.167 5	12	湖南	−0.399 3	23
福建	1.044 6	2	内蒙古	−0.215 7	13	山西	−0.438 1	24
广东	0.828 5	3	重庆	−0.274 4	14	西藏	−0.458 5	25
上海	0.679 8	4	河南	−0.307 9	15	甘肃	−0.513 6	26
陕西	0.442 6	5	青海	−0.333 4	16	贵州	−0.551 2	27
浙江	0.411 6	6	江苏	−0.336 7	17	广西	−0.606 3	28
天津	0.175 8	7	宁夏	−0.349 1	18	安徽	−0.609 3	29
湖北	0.119 1	8	黑龙江	−0.356 3	19	云南	−0.662 9	30
四川	0.086 7	9	河北	−0.369 8	20	江西	−0.693 4	31
山东	−0.048 7	10	海南	−0.376 9	21			
辽宁	−0.088 2	11	新疆	−0.381 0	22			

四、总结

（1）从数字贸易发展环境条件来看，西部地区发展环境比较落后，应注重数字贸易的基础环境建设，中部和东部地区数字发展环境比较好，应从技术的创新、互联网的研发以及政策环境等方面创新。

（2）从数字贸易发展综合得分来看，北京、上海、广东、江苏等经济发展比较好的省份，数字贸易发展综合得分也比较靠前，地理位置偏远的西藏、青海、宁夏等省份的综合得分排在了全国末尾。

（3）从数字贸易发展潜力因子得分来看，目前数字经济发展潜力最大的省份是北京市，福建省发展潜力紧随其后，我国西部地区的数字贸易发展潜力因子有进一步的提升，青海省排在第十六位，宁夏回族自治区排在第十八位，西藏自治区排在第二十五位，未来西部地区数字贸易发展将会迈上新的台阶。

第二节　各地区数字贸易发展水平测算

中国数字服务贸易规模增长迅速，在 2019 年可数字化的服务贸易额超过了2 700亿美元，在全世界范围内，中国数字服务出口排名第八位，数字服务进口排名第七位[①]。未来，中国数字贸易仍有强劲的发展动力和发展空间，如何在未来数字贸易中调整贸易发展策略，为数字贸易提供发展动能？本节从构建数字贸易指标开始，运用熵权法测算全国除香港、澳门、台湾以外的31个省份的数字贸易发展水平，分析各地区数字贸易发展的特征。

一、数字贸易发展评价指标体系构建

在数字贸易的定量测算中，美国国际贸易委员会为数字贸易的研究提出了两种计算思路：第一种统计包含了数字产品和服务，第二种则是计算机互联网宽带跨境数据流。其中，第一种统计方法包含实物产品，而第二种方法不包含实物产品[②]。数字贸易发展到今天，既包括数字化可交付贸易，又包括数字化订购的贸易，还包括数字化平台赋能的贸易[③]。通过对数字贸易相关文献的研究，本书基于马述忠等（2018）对数字贸易的定义：数字贸易是以目前信息网络基础为载体，通过信息通信技术为媒介实现传统实体货物、数字产品、服务与数字化的知识与信息的高效转换[④]。遵循评价指标体系构建的特点，借鉴刘媛媛等（2021）数字贸易发展水平评价指标体系[⑤]，对2016—2020年“十三五”时期全国除香港、澳门、台

① 央视新闻客户端：《2020年我国数字贸易额为2 947.6亿美元数字贸易法律政策体系初步形成》，http://m.news.cctv.com/2021/09/03/ARTINIPTtvQ6QGCJFMZWF7xU210903.shtml。

② 章迪平、郑小渝：《数字贸易发展水平测度及影响因素分析——以浙江省为例》，《浙江科技学院学报》，2020年第4期，第249-256，271页。

③ 纪向岚：《数字贸易国际竞争力研究述评》，《韶关学院学报》，2021年第10期，第73-77页。

④ 马述忠、房超、梁银锋：《数字贸易及其时代价值与研究展望》，《国际贸易问题》，2018年第10期，第16-30页。

⑤ 刘媛媛、陶长琪：《中国31省份数字贸易发展水平测算分析——基于RAGA投影寻踪模型》，《价格月刊》，2021年第4期，第69-76页。

湾以外的 31 个省份的数字贸易发展进行测算。

本书从 4 个维度构建数字贸易的评价体系，分别是基础设施环境、技术创新环境、数字贸易能力和贸易潜力。在 4 个维度的基础上划分 8 个二级指标，最后从以上二级指标中细分出 24 个三级指标。遵循全面性、可比性、科学性，评价指标体系能够全面地反映中国各地数字贸易的评价（表 3-8）。

表 3-8　数字贸易评价体系

一级指标	二级指标	三级指标
基础设施环境	互联网基础环境	企业拥有网站数
		IPv4 地址数
		长途光缆线路长度
		电话普及率
		移动互联网用户数量
	物流运输环境	交通运营能力指数
		公路营运载货汽车拥有量
		民用运输船舶拥有量
		物流相关活动从业人员数量
技术创新环境	科技投入	规模以上工业企业 R&D 经费支出
		规模以上工业企业 R&D 人员全时当量
	科技产出	专利申请受理数
		技术市场成交额
数字贸易能力	产业数字贸易水平	快递业务收入
		有电子商务交易活动企业数量
		电子商务销售额
		电子商务采购额
	数字产业贸易水平	软件业务收入
		电子出版物出版数量
		电视剧播出数量
		有线电视用户数占家庭总户数比重

（续）

一级指标	二级指标	三级指标
贸易潜力	对外贸易开放水平	贸易开放度
	居民消费潜力	居民人均消费支出
		社会消费品零售总额

注：贸易开放度＝该省份进出口总额/地区生产总值。

基础设施环境是数字贸易发展的基石，是一个地区发展数字贸易的先决条件。基础设施环境包含互联网基础环境和物流运输环境两个二级指标。互联网基础环境包括企业拥有网站数、IPv4 地址数、长途光缆线路长度、电话普及率、移动互联网用户数量。考虑到忙闲时加权平均可用下载速率数据不易完整获得，用长途光缆线路长度来表示互联网基础环境。物流运输环境能够推动数字贸易的畅通流动，其包含的指标为交通运营能力指数、公路营运载货汽车拥有量、民用运输船舶拥有量及物流相关活动从业人员数量，为数字贸易的正常流通保驾护航。

技术创新环境是数字贸易发展的关键力量，为数字贸易发展提供技术支持。技术创新环境包括科技投入和科技产出两个二级指标。从科技投入的视角来看，包含规模以上工业企业 R&D 经费支出和规模以上工业企业 R&D 人员全时当量。科技投入费用支出可以反映地区对于数字贸易发展提供的发展动力。从科技产出视角来看，包含专利申请受理数和技术市场成交额，科技产出视角可以反映出地区技术发展水平。

数字贸易能力主要包括产业数字贸易水平和数字产业贸易水平两个二级指标。

贸易潜力主要包括对外贸易开放水平和居民消费潜力两个二级指标。贸易潜力决定了数字贸易的发展趋势和发展规模。

二、数字贸易研究方法

熵值法可以计算各个指标的权重和各项指标的综合得分。TOPSIS 法可以得出各指标的指数。熵值法计算各指标的权重时，可以克服各指标之间的关系、样本数量等不足，因此本书选择此两种方法计算各指标的权重。

1. 采用熵值法确定各指标权重

根据 2016—2020 年《中国统计年鉴》数据，得到全国除香港、澳门、台湾之外的 31 个省份的 24 个指标的统计数据。建立初始数据矩阵将 m 个样本中的 n 个指标按照顺序排列成原始数据矩阵，$X=(X_{ij})_{m\times n}(1\leqslant i\leqslant m，1\leqslant j\leqslant n)$，$X_{ij}$ 表示第 i 个样本中的第 j 个指标。

对数据进行无量纲化处理，使其具有可比性。由于各项指标都是正向，因此只做正向标准化处理即可。为了消除 0 的影响，在进行无量纲化之后，对所有指标向右平移 0.000 1 个单位，提高数据的准确性。

对于正向指标，令

$$X'_{ij}=\frac{X_{ij}-\min\{X_{ij}\}}{\max\{X_{ij}\}-\min\{X_{ij}\}}$$

计算各指标体系的比重矩阵：

$$(P_{ij})_{m\times n}=\frac{X'_{ij}}{\sum_{i=1}^{m}X'_{ij}}\ (j=1,\ 2,\ \cdots,\ n)，其中\ 0\leqslant P_{ij}\leqslant 1。$$

计算各个指标的熵值 e_j：

$$e_j=-k\sum_{i=1}^{m}(p_{ij}\ \ln\ p_{ij})\ ,\ j=1,\ 2,\ \cdots,\ m，其中\ k=\frac{1}{\ln m},\ 0\leqslant e_j\leqslant 1。$$

计算差异系数 g_j：

$$g_j=1-e_j\quad (j=1,\ 2,\ \cdots,\ m)$$

计算指标权重 w_j：

$$w_j=\frac{g_j}{\sum_{j=1}^{n}g_i}\quad (i=1,\ 2,\ \cdots,\ m)，其中\ \sum_{j=1}^{n}w_j=1\ 。$$

计算每个样本的综合得分水平 F_i：

$$F_i=\sum_{j=1}^{n}w_jX'_{ij}\ ,\ i=1,\ 2,\ \cdots,\ m，其中\ 0\leqslant F_i\leqslant 1。$$

2. TOPSIS方法及修正

熵值法可以计算各个指标的权重，以及各项样本的综合得分。TOPSIS方法可以解决因为某个指标的数值离散程度大导致的指标权重有误差与数据准确性问题。因此，选择引入欧氏距离测量各项指标方案与其最优（劣）解之间的相对距离，由此可以得出综合评价指数，并对其进行排序对比。更准确地表达出数字贸易的变动趋势与地区差异，步骤如下：

（1）计算各指标的加权标准化矩阵：

$$R=(r_{ij})_{m\times n},\ r_{ij}=w_j x'_{ij}\ (1\leqslant i\leqslant m,\ 1\leqslant j\leqslant n)。$$

（2）拟定最优解 S_j^+ 与最劣解 S_j^-。$S_j^+=\max(r_{ij})$、$S_j^-=\min(r_{ij})$，其中 $1\leqslant i\leqslant m$，$1\leqslant j\leqslant n$。

（3）计算各方案与最优解的欧氏距离：

$$sep_i^+=\sqrt{\sum_{j=1}^{n}(S_j^+-r_{ij})^2},\ sep^-=\sqrt{\sum_{j=1}^{n}(S_j^--r_{ij})^2},\ 1\leqslant i\leqslant m,\ 1\leqslant j\leqslant m$$

（4）计算各方案的综合评价指数：

$$C_i=\frac{sep_i^-}{sep_i^++sep_i^-},\ C_i\in[0,\ 1],\ 1\leqslant i\leqslant m$$

3. 计算结果

根据熵值法计算出2016—2020年中国31个省份（不包括香港、澳门、台湾）的数字贸易各指标的一级权重，以及各个指标的综合得分（表3-9）。

表3-9　2016—2020年数字贸易一级指标权重与综合指数得分

年份	基础设施环境（%）	技术创新环境（%）	数字贸易能力（%）	贸易潜力（%）	数字贸易发展水平综合指数
2016	27.41	22.39	41.96	8.25	4.303 9
2017	32.63	20.86	39.05	7.47	3.660 2
2018	28.56	22.60	40.67	8.17	4.777 9
2019	29.08	22.04	40.78	8.10	4.529 8
2020	29.32	21.44	41.33	7.91	4.547 6

如表3-9所示，从数字贸易的一级指标权重可以得知，在“十三五”时期数字贸易能力在数字贸易平均占比为40.76%，是占比最大的一个指标。其次是基础设施环境指标，权重为29.40%。技术创新环境平均权重21.87%。2016—2020年基础设施环境和技术创新环境都呈现出平稳增长的态势，为数字贸易的高速发展提供了支撑。贸易潜力是权重最小的指标，在“十三五”时期贸易潜力发展表现为先递减再增长，之后再减少的趋势。由此可见，在数字贸易发展中，贸易潜力指标有很大的发展空间。从数字贸易发展水平综合指数得知，2016—2020年中国数字贸易发展呈现“上升—下降—上升”的趋势，数字贸易的发展水平波动上升。

根据修正的TOPSIS法计算的2015年主要地区数字贸易得分如表3-10所示，2016—2020年计算结果详见本章第三节。如表3-10可知，各地区数字贸易存在较大差异。运用熵值法计算出数字贸易二级指标权重如表3-11所示。从表3-11二级指标权重来看，在数字贸易发展中，数字贸易额在增加的同时，科技产出和对外贸易开放水平的占比是减少的。对外贸易开放水平的降低是由于各省份进出口总额之和小于地区生产总值导致的。由此可知，提高中国数字贸易的发展，要均衡各省份的进出口数字贸易。

表3-10　2015年全国除香港、澳门、台湾之外31各省份的数字贸易得分

地区	得分	地区	得分
北京	0.390 8	湖北	0.149 6
天津	0.108 5	湖南	0.123 9
河北	0.070 1	广东	0.368 9
山西	0.033 3	广西	0.068 1
内蒙古	0.041 0	海南	0.031 3
辽宁	0.128 1	重庆	0.085 0
吉林	0.037 2	四川	0.114 2
黑龙江	0.038 1	贵州	0.029 2

（续）

地区	得分	地区	得分
上海	0.427 8	云南	0.044 7
江苏	0.660 6	西藏	0.011 0
浙江	0.260 3	陕西	0.106 8
安徽	0.193 0	甘肃	0.029 2
福建	0.101 6	青海	0.019 5
江西	0.056 7	宁夏	0.020 5
山东	0.212 7	新疆	0.048 2
河南	0.166 2		

数据来源：历年《中国统计年鉴》计算所得。

表 3-11　2016—2020 年数字贸易各指标比重

单位：%

二级指标	2016 年	2017 年	2018 年	2019 年	2020 年
互联网基础环境	13.61	13.26	14.66	15.33	15.45
物流运输环境	13.79	19.37	13.89	13.75	13.87
科技投入	9.29	8.93	10.37	10.16	10.05
科技产出	13.10	11.93	12.23	11.87	11.39
产业数字贸易水平	20.17	18.86	20.37	20.28	19.51
数字产业贸易水平	21.79	20.18	20.31	20.50	21.83
对外贸易开放水平	3.74	3.15	3.32	3.10	3.01
居民消费潜力	4.51	4.32	4.85	5.00	4.90

数据来源：历年《中国统计年鉴》计算所得。

第三节　各地区数字贸易发展的空间特征

一、数字贸易的空间分布特征

根据修正的 TOPSIS 法计算各省份的指数得分比熵权法的综合得分更加精确，因此选择此方法计算得出指数分值（表 3-12）。

表 3-12 2016—2020 年全国除香港、澳门、台湾之外 31 个省份的数字贸易发展得分及排名

地区	2016 年	排名	2017 年	排名	2018 年	排名	2019 年	排名	2020 年	排名
北京	0.392 1	4	0.330 2	4	0.409 6	5	0.370 4	4	0.365 9	5
天津	0.104 0	15	0.082 4	13	0.099 0	16	0.095 6	16	0.093 2	14
河北	0.085 9	16	0.073 3	16	0.108 8	13	0.103 8	14	0.111 8	12
山西	0.035 2	25	0.032 9	22	0.046 5	21	0.041 5	24	0.042 9	23
内蒙古	0.042 7	21	0.031 1	24	0.042 9	23	0.045 2	22	0.046 2	21
辽宁	0.106 4	11	0.079 5	14	0.108 3	14	0.087 9	17	0.091 3	15
吉林	0.037 9	24	0.038 0	21	0.044 0	22	0.038 8	26	0.040 7	24
黑龙江	0.039 4	23	0.030 2	25	0.040 1	27	0.044 3	23	0.047 1	20
上海	0.426 8	3	0.611 3	1	0.445 9	3	0.364 5	5	0.414 0	3
江苏	0.646 4	1	0.433 3	2	0.615 7	1	0.653 2	1	0.676 4	1
浙江	0.316 0	5	0.240 4	5	0.427 8	4	0.397 9	3	0.386 8	4
安徽	0.209 2	7	0.158 7	7	0.234 4	7	0.219 2	7	0.219 9	7
福建	0.105 7	12	0.086 3	12	0.122 5	12	0.112 6	13	0.107 0	13
江西	0.060 7	19	0.050 4	20	0.073 1	19	0.069 0	20	0.069 2	19
山东	0.238 5	6	0.196 2	6	0.283 9	6	0.223 4	6	0.241 3	6
河南	0.110 5	10	0.094 4	10	0.153 9	8	0.115 0	11	0.115 6	10
湖北	0.137 4	8	0.109 5	8	0.138 9	10	0.125 2	10	0.116 2	9
湖南	0.104 5	14	0.072 9	17	0.133 6	11	0.114 5	12	0.114 6	11
广东	0.489 7	2	0.375 2	3	0.556 4	2	0.554 5	2	0.622 9	2
广西	0.073 0	18	0.061 7	18	0.083 5	18	0.071 5	19	0.074 5	18
海南	0.029 4	27	0.096 9	9	0.041 5	26	0.032 7	27	0.030 4	27
重庆	0.077 0	17	0.052 5	19	0.085 8	17	0.076 9	18	0.078 1	17
四川	0.121 4	9	0.092 7	11	0.149 6	9	0.144 3	9	0.141 1	8
贵州	0.034 7	26	0.029 6	27	0.042 5	24	0.040 0	25	0.039 5	25
云南	0.049 5	20	0.032 8	23	0.054 6	20	0.049 9	21	0.043 1	22
西藏	0.012 5	31	0.008 6	31	0.011 5	31	0.015 0	31	0.013 3	31
陕西	0.105 6	13	0.077 4	15	0.101 9	15	0.098 2	15	0.091 3	16
甘肃	0.029 1	28	0.021 7	28	0.029 3	28	0.026 7	28	0.025 3	29

（续）

地区	2016年	排名	2017年	排名	2018年	排名	2019年	排名	2020年	排名
青海	0.019 9	30	0.014 1	30	0.025 3	30	0.024 1	29	0.029 7	28
宁夏	0.022 0	29	0.016 7	29	0.025 4	29	0.021 5	30	0.020 9	30
新疆	0.040 5	22	0.029 6	26	0.041 7	25	0.152 5	8	0.037 6	26

南北方经济发展一直以来都是我国经济发展的重要话题，北京大学数字研究中心在2020年发布的北京大学数字普惠金融指数中对南北方的数字经济发展进行研究发现，南方的数字经济发展相比于北方的数字经济发展水平略高些，近年北方的数字经济发展也在追赶南方，差距越来越小。南北方数字贸易发展指数均值如表3－13所示。

表3－13　2016—2020年南北方数字贸易发展指数均值

项目	2016年	2017年	2018年	2019年	2020年
北方均值	0.110 0	0.090 2	0.122 0	0.107 1	0.109 0
南方均值	0.157 0	0.135 7	0.174 4	0.170 8	0.170 5

如表3－13所示，“十三五”时期南方数字贸易整体高于北方，南北方数字贸易发展指数均值在“十三五”时期中均在2018年时达到了最大值。“十三五”时期，中国整体数字贸易发展呈现出降低后增加再降低的趋势。数字贸易的发展在金融和硬件基础设施的配套设施上，南方优于北方[①]，这是南北方数字贸易发展差距存在的原因之一。

从2020年全国各省份数字贸易总指数排名及变化情况中（表3－14）可得，在2020年全国各省份数字贸易中，江苏省数字贸易发展水平排名第一，与广东、上海、浙江、北京划分为第一梯队，数字贸易水平在国内遥遥领先；山东、安徽、四川、湖北、河南、湖南、河北、福建组成第二梯队，代表着数字贸易水平较高的地区；天津、辽宁、陕西、重庆、广

① 刘媛媛、陶长琪：《中国31省份数字贸易发展水平测算分析——基于RAGA投影寻踪模型》，《价格月刊》，2021年第4期，第69－76页。

西、江西划分为第三梯队；黑龙江、内蒙古、云南、山西、吉林、贵州、新疆、海南划分为第四梯队；青海、甘肃、宁夏、西藏为第五梯队。

表 3-14　2020 年全国各省份数字贸易总指数排名及变化情况

地区	2020 年总指数	排名	较 2019 年排名变化	较 2018 年排名变化	较 2017 年排名变化	较 2016 年排名变化
北京	0.365 9	5	−1	0	−1	−1
天津	0.093 2	14	2	2	−1	1
河北	0.111 8	12	2	1	4	4
山西	0.042 9	23	1	−2	−1	2
内蒙古	0.046 2	21	1	2	3	0
辽宁	0.091 3	15	2	−1	−1	−4
吉林	0.040 7	24	2	−2	−3	0
黑龙江	0.047 1	20	3	7	5	3
上海	0.414 0	3	2	0	−2	0
江苏	0.676 4	1	0	0	−1	0
浙江	0.386 8	4	−1	0	1	1
安徽	0.219 9	7	0	0	0	0
福建	0.107 0	13	0	−1	0	0
江西	0.069 2	19	1	0	1	0
山东	0.241 3	6	0	0	0	0
河南	0.115 6	10	1	2	0	0
湖北	0.116 2	9	1	1	−1	−1
湖南	0.114 6	11	1	0	6	3
广东	0.622 9	2	0	0	1	0
广西	0.074 5	18	1	0	0	0
海南	0.030 4	27	0	−1	18	0
重庆	0.078 1	17	1	0	2	0
四川	0.141 1	8	1	1	3	1
贵州	0.039 5	25	0	−1	2	1
云南	0.043 1	22	−1	−2	1	−2
西藏	0.013 3	31	0	0	0	0

（续）

地区	2020 年总指数	排名	较 2019 年排名变化	较 2018 年排名变化	较 2017 年排名变化	较 2016 年排名变化
陕西	0.091 3	16	−1	−1	−1	−3
甘肃	0.025 3	29	−1	−1	−1	−1
青海	0.029 7	28	1	2	2	2
宁夏	0.020 9	30	0	−1	−1	−1
新疆	0.037 6	26	−18	−1	0	−4

从地区分布上可以看出，第一梯队的省份集中在东部沿海地区，如珠三角、长三角、环渤海城市群①，第一梯队的数字贸易发展水平最高，有先进的技术设备设施以及完备的物流运输设施。第二梯队主要集中在东部和中部地区，及少数西部地区。数字贸易发展地区扎堆现象比较严重，沿海地区和中部地区有着优渥的自然地理条件和经济发展条件，互联网和物流基础设施建设完善，能够有更多的机会了解和接触国内外最先进的互联网技术，数字贸易的发展离不开技术支持，便利的交通和完善的基础设施为东、中部地区提供了后备力量。

第三、四、五梯队主要集中在中、西部地区。西部地区除在地理上没有优势外，在基础设施建设、资源、信息技术等方面与东、中部地区也存在着较大的差距。在互联网时代，中、西部地区不能够第一时间接触到国内外先进的信息技术，缺少信息通信人才，导致其与东部地区数字贸易发展的不均衡。尤其是青海、宁夏、甘肃和西藏，地理位置偏远，基础设施不完备，缺少数字贸易的高精尖人才，导致其数字贸易发展效率低，未来还有很大的发展空间。

如表 3－14 所示，与 2019 年相比，2020 年有 24 个省份的排名不变或者上升（下降）1 位，由此可知此指标的稳定性。新疆维吾尔自治区排名

① 北京大学数字金融研究中心：《北京大学数字普惠金融指数（2011—2020）》，http://idf.pku.edu.cn。

下降了18位，究其原因，其电子出版数量在2015年、2016年、2018年、2020年均为0，在2017年时数量为0.2万张，在2019年时数量为629.8万张，这是新疆维吾尔自治区在2019年时排名在第八位的原因。纵观整个“十三五”时期，数字贸易排名波动幅度较大的省份当属东北地区的黑龙江省和辽宁省，中部地区的河北省和湖南省排名上升较快。在2017年，海南省的经费、技术市场成交额、移动物联网基础流量有了大幅度的提升，因此海南省在2020年时相较于2017年上升了18位。

二、数字贸易发展的影响因素探索

（一）指标构建

前面对数字贸易发展水平进行了测度，进一步分析了数字贸易发展的空间特征，在此基础上本书将进一步探究数字贸易发展的影响因素。TOE（技术—组织—环境）框架是由Tornatzky等（1990）提出的，其认为技术、组织、环境因素影响技术创新的应用。因此，本书基于TOE框架，从技术、组织、环境方面选择影响数字贸易发展的5个指标，借鉴章迪平等（2020）构建的数字贸易指标[①]，分析数字贸易的影响因素（表3-15）。

表3-15　数字贸易影响因素

项目	指标	统计含义
技术因素	信息化水平	信息化指数
组织因素	产业结构	第三产业增加值
	政策支持力度	国家科技研发支出/GDP
环境因素	区域经济发展水平	人均GDP
	贸易开放度	进出口总额/GDP

技术因素包括内因和外因，主要是用信息化水平表示，信息化水平主

① 章迪平、郑小渝：《数字贸易发展水平测度及影响因素分析——以浙江省为例》，《浙江科技学院学报》，2020年第4期，第249-256及271页。

要是用来表示国家信息化基础建设和信息化技术的应用水平，本书借鉴国内研究指标①进行测算，选择了4个指标衡量信息化水平，分别为邮政业务总量、电信业务总量、移动电话普及率及互联网普及率。利用主成分分析法构建表示信息化水平的总和指标——信息化指数。主要方法是使用SPSS27.0进行主成分分析计算。首先是把邮政业务总量、电信业务总量、移动电话普及率、互联网普及率作为原始数据构造权重矩阵 $A=(a_{ij})$，进行标准化处理得到标准矩阵 $B=\left(\frac{a_{ij}-\bar{a}_j}{s_j}\right)$，其中 $\bar{a}_j=\frac{1}{n}\sum_{i=1}^{n}a_{ij}$，$s_j=\left[\frac{1}{n-1}\sum_{i=1}^{n}(a_{ij}-\bar{a}_j)^2\right]^{\frac{1}{2}}$，$j=1，2，3，4$。指标权重等于各主成分的方差贡献率，最后加权求和得到信息化指数。

组织因素是由产业结构和政策支持力度表示的。产业结构可以表示为数字贸易对中国经济发展的贡献程度，用第三产业增加值来表示，因为第三产业的组成部分与数字贸易和数字服务贸易息息相关，因此也是数字贸易的重要组成部分。政策支持力度表示国家对数字贸易发展支持的相关程度，用国家科技研发支出与GDP的比值来表示。

环境因素是指进行数字贸易活动所处的环境，环境因素决定着数字贸易是否能够正常进行，数字贸易受经济的影响，一个国家或地区的经济实力，对外开放性越强，对数字贸易的影响就越大，因此本书选择区域经济发展水平和贸易开放度两个指标表示数字贸易的发展环境，选取人均GDP和进出口总额与GDP的比值作为数字贸易环境因素指标。

（二）数字贸易的影响因素分析——基于灰色关联度模型

国内学者分析数字贸易影响因素的方法包括钻石模型法、回归分析法、灰色关联度分析法等。灰色关联度分析法可以克服样本容量小的缺陷，能够系统地分析影响因素之间的大小关系。灰色关联度分析法可以对数字贸

① 纪玉俊、丁科华、张鹏：《我国沿海地区城市服务业集聚的影响因素分析》，《经济与管理》，2014年第5期，第84页。

易影响因素的大小进行排序，进而分析影响程度的大小。步骤如下：

1. 确定参考数列

本书用2016—2020年数字贸易发展水平综合指数C_0作为参考数列表示数字贸易发展水平，记为$C_0=[C_0(1), C_0(2), \cdots, C_0(n)](n=5)$。表3-15中信息化水平、产业结构、政府支持力度、区域经济发展水平、贸易开放度作为比较数列，记为$Fe=[Fe(1), Fe(2), \cdots, Fe(n)]$ $(n=5)$。

2. 灰色关联度计算

用Z-core法对数据进行无量纲化处理，计算参考系列和比较序列关联系数（ξ为分辨系数，取值空间为[0，1]，一般取0.5）[①]，即

$$r(C_0(t), F_i(t))=\frac{\min\limits_i\min\limits_t|C_0(t)-F_i(t)|+\xi\max\limits_i\max\limits_t|C_0(t)-F_i(t)|}{|C_0(t)-F_i(t)|+\xi\max\limits_i\max\limits_t|C_0(t)-F_i(t)|}$$

3. 灰色关联度计算

$$r=(C_0, F_i)=\frac{1}{n}\sum_{t=2016}^{2020}r(C_0(t), F_i(t))$$

（三）影响因素实证结果分析

通过灰色管理度模型计算得到数字贸易发展影响因素的灰色关联度，并对其进行排序。如表3-16所示，贸易开放度对数字贸易发展水平的影响最强烈，这说明我国贸易的开放度与数字贸易发展水平有强烈的正相关关系：一方面，我国目前国内大循环还不够畅通，体制机制之间存在着一定的障碍；另一方面，新冠疫情对全球经济都带来很大的冲击，但是我国对外贸易虽然受到了一定的影响，对比其他国家，我国对疫情防控到位，因此外贸易开放度对数字贸易的影响最大。

信息化水平与数字贸易发展的关联度排名第二，为0.749 8，说明信息化水平对数字贸易影响较大，数字贸易的发展离不开信息技术基础设施

① 邓聚龙著：《灰色系统理论教程》，华中理工大学出版社，1990年，第53页。

的建设，信息化技术的发展能够促进经济的数字化，为全世界产品的流通提供更加便利的条件，同时也改变了传统的贸易方式、交付方式，推动了数字贸易的发展。

表 3-16　数字贸易影响因素灰色关联度及相应排序

项目	信息化水平	产业结构	政策支持力度	区域经济发展水平	贸易开放度
灰色关联度	0.749 8	0.542 0	0.737 8	0.590 3	0.846 4
排序	2	5	3	4	1

排在第三、四、五位的分别是政策支持力度、区域经济发展水平、产业结构。政策支持力度与数字贸易发展关系十分紧密，数字贸易的发展离不开政府的支持。区域经济发展水平与数字贸易发展的关联度一般，说明我国的人均 GDP 对数字贸易的发展没有特别显著的促进作用，但是经济的发展水平越高，对数字贸易的促进作用越大，说明我国区域经济的发展水平对数字贸易还有很大的发展空间。产业结构和数字贸易发展水平的关联度是最低的。产业结构的优化升级能带动企业加快数字化转型升级，进而推动企业的数字贸易规模的扩张，从全局带动数字贸易的发展。

三、结论

（1）数字贸易发展在地理位置上表现为：东部地区发展水平最高，因为其拥有便利的基础条件和先进的技术，主要集中在珠三角、长三角和环渤海城市群。其次为中部地区，与东部地区相比，中部地区的交通相对通畅，但是受资源和自身条件的影响，数字贸易发展落后于东部地区。西部地区的数字贸易发展条件排在最后，由于其地理位置偏远，经济发展水平受限，导致其数字贸易发展水平最低。

（2）数字贸易发展水平按照数字贸易发展指数划分为五个梯队。第一梯队的数字贸易发展水平最高，代表省份包括江苏、广东、浙江等。第二梯队发展水平次之，代表省份包括山东、安徽、四川等。第三梯队的数字贸易发展水平一般，主要包括天津、辽宁、陕西等省份。第四和第五梯队的数字贸易发展水平较差，代表省份包括黑龙江、内蒙古、云南等。

(3) 数字贸易的影响因素中，贸易开放度对数字贸易发展水平的影响最强烈，关联度系数为 0.846 4；其次是信息化水平，关联度系数是 0.749 8；关系最弱的是产业结构，关联度系数是 0.542 0，产业结构在数字贸易发展方面未来还有很大的发展空间。

第四节　典型地区数字贸易发展案例

中国各地数字贸易发展各具特色，充分发挥当地产业基础和资源优势，为数字经济发展提供广阔空间，探索有当地特色的数字经济发展道路。本书选取北京、上海、重庆、杭州作为典型代表，剖析城市特色数字贸易之路，为各地发展数字经济提供思路。

一、北京：借助创新资源激活数字贸易活力

北京市作为全国科技创新中心，发展数字经济具有明显优势。2019 年北京市数字经济增加值占 GDP 比重超过 50%，在全国位居首位。云计算、大数据、人工智能、区块链、网络安全等相关技术支撑产业发展水平领先全国，拥有百亿元以上企业 18 家。在 2019 年度的中国互联网企业百强、中国软件业务收入前百家企业、中国软件和信息技术服务综合竞争力百强等企业榜单中，北京市入选企业数量超三成，均居全国首位[①]。北京市统计局数据显示，2021 年上半年北京市地区生产总值 19 228 亿元，与 2019 年同期相比，两年平均增长 4.8%。其中，信息传输、软件和信息技术服务业增加值为 3 500.9 亿元，排名全国第一。国际调研机构 IDC 最新

① 李佳：《北京数字贸易进出口将达 1 500 亿美元》，《北京青年报》，https://baijiahao.baidu.com/s?id=1713649021425330272&wfr=spider&for=pc。

报告统计，2021年中国IT行业支出2.21万亿元，其中包括硬件、软件和IT服务业，同比增长10%。北京市总部经济效应强，这里国企云集，也是国内多家大型企业的注册地，北京市是中国数字经济数据指标和产业转型的领跑者。与珠江三角洲和长江三角洲的区别是北京市作为全国的行政中心与经济中心，数字贸易的发展受到产业政策的影响较大。

北京市发展数字贸易，首先从创新资源方面入手，北京市研发投入排在全国第一位，而且远远高于其他省份。其拥有高端的研发资源、科技创新型人才以及学术优质的突出环境，促成了北京市成为全球十大科技创新中心之一，拥有国内一半以上的独角兽企业。2019年北京市有AI企业486家，位列全球第一位，超过了硅谷，约占全国总数的40%；百度人工AI算法框架、寒武纪芯片等软硬件在全球具有发展优势。同时，北京市是国内较早布局区块链的城市之一，作为全国科技创新中心，对区块链技术的应用和产业的布局有着显著的先天优势。据统计，北京市的区块链企业达到189家。市值排名前30的互联网企业中，11家坐落于北京。美团、京东、百度等龙头企业不断发展，字节跳动、VIPKID等独角兽企业也迅速崛起。联想、小米、中芯国际等国内领军电子信息制造业企业位于北京，四大电信运营商总部也均在北京，软件和信息技术服务业领先全国。2019年，北京市数字产业持续保持两位数增长，实现营业收入1.3万亿元，占全国的比重23.0%，全行业实现增加值4 783.9亿元，占全市GDP的比重13.5%[①]。

2021年10月，北京市商务局等五部门发布《北京市关于促进数字贸易高质量发展的若干措施》，提出到2025年，北京市数字贸易进出口规模将达到1 500亿美元，占全市进出口总额的比重超过25%。其中，数字服务贸易占全市服务贸易的比重达到75%。北京市通过积极打造数字贸易

① 马婧：《北京将打造数字贸易示范区》，新华网，http://www.bj.xinhuanet.com/2021－10/14/c_1127956872.htm。

公共服务平台，畅通与海外市场渠道对接，建设数据流通专项服务平台，开展数据来源合规审查、数据资产定价等服务；构建数字贸易会展交易平台，促进整个领域数字贸易发展。为促进数据的跨境流动，加强基础信息设施建设和安全防护，升级完善数据中心，规划物联网和工业互联网信息基础设施。推进跨境流动数据制度的创新，包括重点领域数据分类和标准、重要数据目录、数据出口安全评估相关规章制度等。积极参与国际规则对接，逐步推进技术、监管等方面的制度创新。巩固产业基础，提升数字贸易核心产业的国际竞争力，培养数字贸易领域全球性标杆企业，努力打造原创精品品牌和企业 IP，提升服务外包价值链的重要性，促进上下游企业外包产业链的供需衔接，突破跨境电商发展困境，运用好对外经济贸易发展基金，支持跨境贸易数字化服务平台提升服务能力①。

北京市在推动数字贸易进步发展中，离不开提升便利度。进一步扩大数字贸易开放，着力提高增值电信业、教育、医疗等领域开放度，推进跨境贸易收支付便利程度，鼓励银行为数字贸易企业外汇收支提供专项服务，使行政审批便利化，促进相关专利申请进入快速审查通道，推进人员跨境往来便利化，简化外国人来华审批流程。加强专项资金支持，突出重点发展领域。加大金融支持力度，推广使用专项融资担保产品，引导社会资本增加投入。加强人才支持，建立数字行业企业协会和专家智库团队。加强知识产权保护，加强海外知识产权公共服务信息库建设。同时，建立数字贸易品牌企业目录数据库，编制数字贸易年度发展报告，建立数字贸易品牌企业服务机制。建立数字行业联席会议制度，及时召开工作会议讨论解决问题。建立数字贸易统计监测系统，实现数字贸易企业数据直接上报。

① 马婧：《前 10 月全市新设外资企业增六成》，《北京日报》，2021 年 12 月 18 日第 1 版。

二、上海：打造“数字商圈”贸易数字化

上海市数字经济在地区经济中已占据主导地位，大量高新企业和“新基建”相关企业为上海市数字经济的发展提供了支持和保障。上海市数字经济在GDP中的占比已超过50%。产业数字化发展已成为上海市驱动数字经济发展的主引擎。产业数字化增加值在2020年已超过1万亿元，占GDP比重超过40%。“新基建”相关企业为上海市数字经济发展提供新动能。这得益于上海市完备的工业体系，在“新基建”的各个领域中，上海市的工业物联网领域相关企业数量占比达69.15%，高于全国平均水平的55.34%，是当前上海市“新基建”发展的优势领域，这也为“工赋上海”三年行动计划的实施提供了有力保障①。预计到2035年，上海市拟新建8 000个5G室外基站，加快建设成为国际数据港。据统计，2018年，上海市共实现数字贸易进出口260亿美元，同比增长16%。在信息服务业方面，2018年上海市实现信息产业增加值3 508.30亿元，比上年增长13.7%；文化和娱乐服务业中视听和相关服务进出口总额达4.4亿美元，同比增长27.5%；电子商务方面，2017年上海市电子商务交易总额累计实现24 263.6亿元，同比增长21%。上海市在数字内容产业方面已经形成电子图书、数字报纸、网络原创文学、数字音乐、网络游戏等新业态。2020年上海市数字贸易额达到433.5亿美元，同比增长8%，高于服务贸易平均水平；2021年第一季度，上海市数字贸易额达到127.7亿美元，同比增长36.9%。上海市高度重视数字化、网络化、智能化对城市发展与数字贸易的引领作用②。

聚焦数字贸易、贸易数字化、供应链数字化、实体商务数字化、新零

① 亿欧智库：《2021上海市数字经济发展研究报告》，http://www.doc88.com/p%2D70287177718905.html。

② 袁伟、李如心、刘婧敏：《上海：以数字经济推动高质量发展》，《中国信息界》，2020年第3期，第52－55页。

售、港口数字化等重点任务，上海市商务委员会梳理首批 24 个数字化转型重点项目，从前瞻性、基础性和功能性 3 个角度推出了 7 个数字化转型应用场景：数字化商圈、智能早餐、国际贸易单窗口、智能蔬菜市场、云展、B2B 钢铁全产业链智能化和智能末端配送。其中，数字化商圈和智慧早餐被纳入全市 11 个生活数字化转型标杆场景，形成数字化转型解决方案并已落地实施。基于浦东新区的整合创新，培育了一批互联网交易平台，如盒马、叮咚买菜、天天果园等，聚集了以 SAP、花旗金融、七牛云等为代表的移动互联、金融科技、数字文化等领域的市场主体，提升了数字贸易国际枢纽港的影响力。对比浦东新区，静安区则是努力打造智慧商业新场景、新布局，打造“数字商圈”标杆场景，推动大数据、AI 技术、VR（虚拟现实）技术的应用发展，充分发挥国内外品牌集聚优势，打造“潮流直播”示范场景，全面打造“特色直播电商基地”丰富文化内涵，突出时尚特色，线上线下融合。与此同时，静安区借助“云购物”“宅消费”“社交电商”等打造了多元化的节日消费示范场景。虚拟偶像“安心”于“五五购物节”推出链接品牌、平台、社交媒体，赋予商圈、商业街、商家活力，互动人气已达 1 500 万人次。上海商委将进一步激发主体活力，充分调动企业的积极性和创造性，以数字化赋能提升企业竞争力和赢利能力；推进融合创新，积极推进线上线下融合、商产融合、内外贸融合，以新技术赋能消费新体验；加强联动协调，强化跨区域、跨部门、跨层级的协同联动；健全生态体系，将数字商务发展纳入各区数字化转型发展规划，推动数字化转型与商务发展规划衔接①。

上海市数字贸易的发展主要集中在云服务、数字内容、数字服务工业应用、跨境电商等重点领域，以虹桥商务区为核心发展区域。提出了 12

① 今日头条：《到 2021 年数字贸易进出口总额破 400 亿美元，上海发布全国首个行动方案》，https://www.toutiao.com/i6717577954320187918。

项包括建设数字贸易跨境服务集聚区、支持和激活原创内容知识产权、支持重大数字服务项目、培育独角兽企业、构建数字贸易促进平台、推动建立全球数字合作城市联盟等主要任务，努力争取在2021年上海数字贸易进出口总额突破400亿美元，打造5家估值超过百亿美元的数字贸易龙头企业，培育500家规模以上的数字贸易重点企业[①]。

三、重庆：传统产业智能化，构建数字贸易新模式

近年，重庆市深入实施以大数据智能化为引领的创新驱动发展战略，统筹推进数字产业化、产业数字化，推动数字经济和实体经济深度融合，优化完善“芯、屏、器、核、网”全产业链、“云、联、数、算、用”全要素群、“住、业、游、乐、购”全场景集，促进智能产业、智能制造、智能化应用协同发展，集中力量建设“智造重镇”“智慧名城”，大数据智能化发展取得显著成效。在产业互补政策的引导和陆海新通道的帮助下，重庆市与东盟经贸合作不断迈上新台阶，东盟已成为重庆市第一大外贸合作伙伴[②]。2020年前三个季度，重庆市与东盟的进出口总值达到836亿元，同比增长6%。双方经贸合作呈现出活力更强、质量更高，连通更密、动力更足的特点。重庆市积极争取开展数字贸易和数字货币的跨境支付试点，探索以数字货币的方式助力人民币跨境使用。重庆市依托中新重庆示范工程和陆海新走廊建设，深化金融改革，积极扩大人民币在共建“一带一路”国家的使用。重庆市支持和帮助有关企业扩大经贸合作，畅通人民币跨境使用渠道。自2001年开展跨境人民币贸易结算试点以来，重庆市已与“一带一路”沿线81个国家实际接收和支付人民币，结算金额已超过2 000亿元。截至2020年10月，重庆市跨境人民币实际收付金

① 冯大刚：《新格局和新场景下的数字文旅》，https://36kr.com/p/889603313658375。

② 金融界：《2020中新金融峰会：中国—东盟金融合作与人民币国际化》，https://baijiahao.baidu.com/s?id=1684306596066354729。

额同比增长38%，累计结算在中西部省份中排名第二位。在新冠疫情防控的背景下，有力支持了实体经济发展[①]。

重庆市发展数字贸易以完善新型基础设施、发展智能应用为重点，促进融合互联网、大数据、人工智能和实体产业深度融合，实现成渝城市群数字贸易高质量发展。重庆市积极实施以大数据智能所引领的创新驱动发展战略，大力推进传统产业的数字化、智能化改造、培育发展智能产业，为产业结构调整和产业转型升级提供有力支持。2019年重庆市共建设了1 280个智能化改造项目、115个数字化车间和25个智能工厂，这些智能化项目在建成之后，相较于原来的传统产业生产效率平均提升了68%，产品不合格率则降低了38%，生产成本与运营成本也降低了约20%。在重庆市积极推动传统产业智能化改造的同时，还重点在智能产业"芯、屏、器、核、网"全链条发力，形成了以万国半导体、紫光等为代表的集成电路产业群，以京东方、金渝惠科等为代表的新型显示产业集群，以奥斯特、超规半导体等为代表的高端材料产业集群，2019年重庆智能产业销售收入同比增长14%，成为全市经济发展的重要支柱。2021年重庆市已累计推动实施3 485个智能化改造项目，建设智能工厂105个、数字化车间574个，建成5G基站5.3万个、实施67个"5G"试点示范项目，进一步推动传统制造企业转型升级。近年，重庆市以大数据智能化为引领，瞄准数字化装备普及、信息管理系统集成应用、数字化车间和智能工厂、工业互联网平台等方向，推动制造业企业实施智能化改造，打造"智造重镇"[②]。

为推动数字贸易发展，重庆市完善了4个基础数据库、超过60个部门的数据资源库、超过5个主题数据库在城市大数据资源中心集中布局。

---

① 佚名：《重庆：构建数字经济发展新格局》，《信息化建设》，2021年第3期，第32页。

② 中国信息通信研究院、中央广播电视总台上海总站：《中国区域与城市数字经济发展报告（2020年）》，http://www.chuangze.cn/attached/file/20210104/22101047242101 2101.pdf。

建设智能中枢核心能力平台，提供统一的共性技术、业务协同能力组件200个。建设中心互联互通超算中心，实现每秒3亿亿次浮点运算能力。努力发挥制度优势，优化制度和供给政策。积极推进产业数字化、智能化，建设全国数字产业积聚区，加快推动产业数字化，建设全国融合发展示范区。强化新型基础设施建设，共同创建数字双城经济圈，深度参与数字经济国际合作，强化创新支撑，提升协同攻关自主创新技能。推动公共服务智能化，建设城市智慧治理先行区。

四、杭州：依托于电子商务，引领服务业全面转型

杭州是第一个提出“城市大脑”的城市，第一个名副其实的“移动支付之城”，第一个开展“5G车联网试点”并有成果落地的城市，第一个国内自主研发“飞天”超大规模通用云计算系统的诞生地，第一个提出企业上云理念的城市……杭州市创造了多个数字经济领域的第一，数字经济连续23个季度保持两位数增长，“数字”经济已成为杭州市高质量发展的“强劲引擎”。2020年，浙江省数字贸易总额4 334亿元，年均增长超20%。数字贸易发展已经驶入快车道，浙江省跨境电商走在前列、数字服务贸易快速发展、发展平台不断拓展、规制探索扎实推进。作为全国首批服务贸易创新发展试点城市，杭州市以数字贸易为特色和发力点，推动服务贸易管理体制、开放路径、发展模式等先行先试，圆满完成了第一、第二阶段的各项试点任务，7个案例入选国务院服务贸易创新发展试点“最佳实践案例”，数量位居全国首位，浙江省3个国家级服务出口基地均在杭州市。2021年1—7月，杭州市服务贸易出口额为82.67亿美元，同比增长19.4%。从产业规模上看，杭州市数字服务贸易进出口额占浙江全省的93.81%，是全省数字服务贸易发展的领头羊。从产业结构上看，信息技术的外包和数字金融服务占据杭州市数字服务贸易的主导地位，并且呈现出高质量发展的趋势。从市场主体来看，杭州市已培育形成了20个服务贸易示范区和多达142家示范企业、70家成长型企业。杭州市数字

贸易的快速发展，依托于雄厚的数字产业基础建设、优秀的创新创业环境以及良好的政策体系和良性的国际营商环境，杭州市产业园荣获国家级数字服务出口基地称号①。

杭州市为推动数字贸易发展，一方面，加快数字产业化，继续做强电子商务、信息软件、云计算、大数据、智能安防等优势产业，打造新一代信息技术及应用万亿元级产业集群，加快国家新一代人工智能创新发展试验区建设，提升集成电路产业发展水平，拓展区块链技术应用领域，支持5G、量子通信等产业发展。另一方面，加快产业数字化，大力发展智能制造，加快打造“1＋N”工业互联网平台体系，组织实施机器换人、企业上云等示范项目，实现规模以上工业企业数字化改造覆盖率90％以上②。杭州市AI技术、云计算、大数据、网络安全与区块链等领域发展迅速，以云计算为例，2020年7月，阿里云亚太市场占有率排名第一，份额为亚马逊与微软的总和。截至2019年末，阿里云全球服务客户人数已超过300万人次，其中38％为世界500强企业、80％为中国科技企业。同时，在阿里云的带领下，杭州市大中小型企业都被带动，形成了良好的云计算产业集群生态效应。

以电商基础优势引领服务业贸易向数字化转型，杭州市一方面继续巩固电商产业，如建设全国首个跨境电商综合试验区，加快建设天、铁、海、陆一体的快捷便利智能数字化物流体系，加快eWTP示范区的项目建设，不断优化电商发展环境。另一方面，着重对在线办公、教育、医疗等新型数字产业平台出台一系列相关扶持政策，释放出更多岗位需求与人才需求，为新型数字贸易产业提供新鲜血液与人才支撑。杭州是全国第一个实现无纸币城市，实现移动支付全方位、高深度的覆盖。杭州市将坚定

① 祝之君、齐思、王聪：《杭州：奋笔书写“三篇章”商务迈向高质量》，《国际商报》，2021年12月8日第6版。

② 吴力：《数智商务杭州　开放高地头雁》，《国际商报》，2021年7月15日第1版。

"高端化、智能化、绿色化、服务化"发展目标，加快培育、引进战略性新兴产业，改造提升优势传统产业，全面整治"低散乱"企业、淘汰落后产能，形成数字经济与制造业"双引擎"，推进杭州市新时代制造业高质量发展。根据计划，到2025年，杭州市工业总产值将达到25 000亿元，规模以上工业增加值达到6 800亿元，年均增长10%；工业固定资产投资达到1 500亿元，年均增长15%[①]。

① 刘忻：《2020年杭州市政府工作报告》，浙江政务服务网，https://www.hangzhou.gov.cn/art/2020/5/6/art_1229063401_1883633.html。

第四章

数字贸易服务和融入新发展格局的机制研究

本章从国内大循环、国际大循环视角分析数字贸易服务和融入新发展格局的具体路径。

第一节　数字贸易和国内大循环的链接机制

一、典型事实分析与理论机制

当今世界正经历百年未有之大变局，在复杂多变的国际局势下，逆全球化思潮不断涌动，全球贸易摩擦不断升级，跨国要素流动面临层层阻碍，全球价值链存在断裂的风险。与此同时，国内经济增长进入到新的发展阶段，价值链低端的制造业逐渐丧失优势。针对未来一段时间可能面临的复杂多变的国内国际环境，我国发展开放型经济亟待寻求新的合作方式和新的竞争优势。2020 年 4 月，以习近平同志为核心的党中央针对新形势提出了“构建以国内大循环为主体、国内国际双循环相互促进”的新发展格局。对我国在应对新的国际形势下如何重塑国际合作和竞争新优势指明了方向和道路。

根据中国信息通信研究院发布的《数字贸易发展白皮书（2020 年）》，2019 年我国数字贸易同比增长 19.0%，其中数字贸易进口额同比增长 15.6%，数字贸易出口额同比增长 21.7%，贸易顺差同比增长 46.1%。近年，由于数字经济的快速发展，数字技术和国际贸易不断融合渗透，国际经贸发展从物理世界延伸至数字世界，数字贸易的非接触性，使得其在新冠疫情以来严峻的国际贸易环境下保持高速增长。

国内大循环的四个基本环节是生产、分配、交换和消费。国内大循环的依托在于广阔的国内市场，而国内市场的落脚点在于消费能力。数字贸易也与消费挂钩，数字贸易是否会促进消费，以及数字贸易是否会为畅通国内大循环贡献力量，是本书想要探索的问题。在重大公共卫生事件以及新的发展环境下，探究数字贸易对于国内大循环的链接机制具有重大的现实意义和理论价值，也有利于探索数字化时代如何促进国内大循环，利用数字经济发展贸易，扩大内需。利用好现有的国内市场，激发潜在的国内市场。

二、空间计量模型构建

1. 基准模型设定

基于上述分析和理论假设。本书认为某一省份或地区数字贸易发展水平不仅会影响该地居民消费水平，也会对邻近省份或地区居民消费水平产生一定的溢出作用。因此，本书在实证研究上采用计量经济学模型。构建空间计量模型如下：

$$C_{it}=\alpha+\rho\sum_{j=1,j\neq i}^{N}w_{ij}C_{it}+T_{it}\lambda+\sum_{j=1,j\neq i}^{N}w_{ij}T_{it}\tau+X_{it}\beta+\sum_{j=1}^{N}w_{ij}X_{ijt}\theta+\mu_i+v_t+\varepsilon_{it}$$

$$\varepsilon_{it}=\psi\sum_{j=1,j\neq i}^{N}w_{ij}\varepsilon_{jt}+\mu_{it}$$

式中，ε_{it} 为残差；μ_i、v_i 分别表示个体效应和时间效应；θ 和 ρ 分别为解释变量空间滞后项系数和被解释变量空间滞后项系数；β 为控制变量系数，λ 为解释变量系数；C_{it} 为消费支出取对数；W 为空间权重矩阵；wC 为被解释变量 C 的空间滞后项；T 是数字贸易发展水平指数，τ 为数字贸易发展指数的空间滞后项系数。$\overrightarrow{X}$为控制变量的集合。

2. 空间权重说明

空间权重矩阵主要包括空间邻接矩阵、地理距离矩阵和经济距离矩阵，本书通过对三种矩阵的莫兰指数比较：邻接权重矩阵也称为“0～1”矩阵，1表示相邻，0表示不相邻。“0～1”矩阵具体表示形式如下：

$$W_1=\begin{cases} w_{ij}=1，i \text{ 和 } j \text{ 相邻} \\ w_{ij}=0，i \text{ 和 } j \text{ 不相邻} \end{cases}$$

地理距离矩阵具体表示形式如下：

$$W_2=\begin{cases} \dfrac{1}{(d_{ij})^2}, & i\neq j \\ 0, & i=j \end{cases}$$

经济距离矩阵具体形式如下：

$$W_3=\begin{cases} \dfrac{1}{|\bar{Y}_i-\bar{Y}_j|}, & i\neq j \\ 0, & i=j \end{cases}，其中 \bar{Y}_i=\frac{1}{T-T_0}\sum_{t=T_0}^{T}Y_{it}$$

三、变量选取及说明

1. 被解释变量的选取与测度

国内大循环以强大的国内市场为核心，国内市场的畅通体现在生产、流通、交换和消费四个环节的畅通。国内大循环依托于强大的国内市场。因此，本书选用分地区消费总支出来衡量国内市场的需求状况。

2. 核心解释变量的选取与测度

本书的核心解释变量为数字贸易发展水平指数。参照学者刘媛媛等（2021）采用的数字贸易发展水平评价体系，运用熵权 TOPSIS 计算各省份的综合得分，采用综合得分来衡量各省份数字贸易发展水平。

3. 控制变量的选取与测度

除了核心解释变量外，内需还受很多其他因素的影响。本书选取分地区国内生产总值、人口抚养比、进出口总额、总可支配收入和城镇化率。

其中，用人口抚养比反向表示社会保障体系。对变量的具体含义和描述性统计如表 4-1 所示。

表 4-1　变量的含义和描述性统计

变量解释		变量性质	数据来源	平均值	标准误	最小值	最大值
消费总支出	*C*	被解释变量	《中国统计年鉴》数据计算所得	8.48	0.069	5.500	10.15
数字贸易指数	*T*	核心解释变量	2016—2021 年《中国统计年鉴》数据折算所得	0.14	0.010	0.009	0.68
地区国内生产总值	*G*	控制变量	《中国统计年鉴》	9.89	0.070	6.930	11.62
人口抚养比	*S*		《中国统计年鉴》	0.39	0.005	0.260	0.58
进出口总额	*I*		《中国统计年鉴》	6.07	0.130	1.130	9.29
总可支配收入	*M*		《中国统计年鉴》	9.07	0.070	6.000	10.86
城镇化率	*A*		《中国统计年鉴》	60.73	0.870	28.870	89.30

四、数据来源及处理

“数字贸易”概念，于 2013 年 7 月首次出现在美国国际贸易委员会发布的《美国和全球经济中的数字贸易Ⅰ》中。因此，本书选取 2015—2020 年全国除香港、澳门、台湾之外的 31 个省份的数据进行实证研究，数据来源于 2016—2021 年《中国统计年鉴》和地方统计年鉴。在数据处理方面，除了数字贸易指数外，对地区国内生产总值、进出口总额、总可支配收入和地区消费总支出均进行了对数化处理，以保持数据的平稳性。

五、实证分析

1. 空间相关性分析

进行空间回归分析之前，需要先进行空间自相关性检验。一般使用

Moran's I 来衡量空间差异性。空间自相关 Moran's I 指数的测算公式为：

$$I = \frac{n}{S_0} \frac{\sum_{i=1}^{n}\sum_{j=1}^{n} w_{i,j} z_i z_j}{\sum_{i=1}^{n} z_i^2}$$

式中，z_i 是要素 i 的属性与其平均值（$x_i - \overrightarrow{X}$）的偏差。$w_{i,j}$ 是要素 i 和 j 之间的空间权重，n 表示要素总数，S_0 是所有空间权重的聚合：

$$S_0 = \sum_{i=1}^{n}\sum_{j=1}^{n} w_{i,j}$$

统计的 z_I 得分的计算公式如下：

$$z_I = \frac{I - E[I]}{\sqrt{V[I]}}$$

其中：

$$E[I] = -1/(n-1)$$

$$V[I] = E[I^2] - E[I]^2$$

Moran's I 指数是一个有理数，经过方差归一化之后，它的取值范围 $-1.0 \sim 1.0$：Moran's I>0，表示空间正相关性，其值越大，空间相关性越明显；Moran's I<0，表示空间负相关性，其值越小，空间差异越大；Moran's I$=0$，空间呈随机性。在此，空间差异并不代表空间异质性，空间差异是指不同地域范畴由于（社会经济等）发展水平及其结构不同而产生的差异。

本书所使用的三个空间权重，"0～1" 矩阵 Moran's I 指数空间相关性测算结果如表 4－2 所示。其中，被解释变量 C 和核心解释变量 T 通过了 1%的显著性水平检验。控制变量 G、S、M 和 A 均通过了 1%的显著性水平检验。控制变量 I 通过了 10%的显著性水平检验。地理距离矩阵 Moran's I 指数测算结果和邻接矩阵相似，此处不再赘述。

经济距离矩阵 Moran's I 指数空间相关性测算结果如表 4－3 所示。其中被解释变量 C 和核心解释变量 T 均通过了 1%的显著性水平检验。

控制变量 G、M 和 A 均通过了 1%的显著性水平检验。控制变量 S 和 I 均通过了 10%的显著性水平检验。经济距离矩阵所测算的 Moran's I 指数的显著性较好，并且所有变量的 Moran's I 指数值较大，这说明所选取变量在空间上对经济距离更为敏感，并且正相关性更高。基于此，本书主要选用经济距离矩阵，并用邻接矩阵和地理距离矩阵进行稳健性检验。

表 4-2　2015—2020 年邻接矩阵 Moran's I 指数测算结果

年份	C	T	G	S	I	M	A
2015	0.235	0.297	0.272	0.272	0.135	0.280	0.294
	0.005	0.000	0.002	0.003	0.060	0.001	0.001
2016	0.231	0.285	0.286	0.295	0.135	0.281	0.298
	0.006	0.001	0.001	0.001	0.059	0.001	0.001
2017	0.230	0.312	0.294	0.271	0.125	0.282	0.299
	0.006	0.000	0.001	0.003	0.071	0.001	0.001
2018	0.232	0.309	0.290	0.293	0.121	0.284	0.296
	0.006	0.001	0.001	0.001	0.077	0.001	0.001
2019	0.237	0.251	0.294	0.263	0.123	0.287	0.292
	0.005	0.003	0.001	0.004	0.074	0.001	0.001
2020	0.233	0.257	0.299	0.253	0.129	0.288	0.288
	0.006	0.002	0.001	0.004	0.065	0.001	0.001

注：Moran's I 指数下方值为 P 值。

表 4-3　2015—2020 年经济距离矩阵 Moran's I 指数测算结果

年份	C	T	G	S	I	M	A
2015	0.491	0.337	0.536	0.489	0.235	0.531	0.352
	0.000	0.005	0.000	0.000	0.044	0.000	0.006
2016	0.478	0.353	0.554	0.492	0.251	0.532	0.353
	0.000	0.005	0.000	0.000	0.035	0.000	0.006
2017	0.474	0.355	0.569	0.402	0.242	0.531	0.352
	0.000	0.004	0.000	0.003	0.039	0.000	0.006

（续）

年份	C	T	G	S	I	M	A
2018	0.479	0.412	0.562	0.308	0.225	0.532	0.340
	0.000	0.002	0.000	0.016	0.050	0.000	0.007
2019	0.482	0.350	0.575	0.319	0.228	0.535	0.337
	0.000	0.005	0.000	0.014	0.048	0.000	0.008
2020	0.468	0.342	0.579	0.280	0.231	0.533	0.333
	0.000	0.006	0.000	0.024	0.045	0.000	0.009

注：Moran's I 指数下方值为 P 值。

2. 空间模型回归

常用的空间计量模型包括空间滞后模型（SLM）、空间误差模型（SEM）和空间杜宾模型（SDM）。本书通过分析 LM 检验和 Hausman 检验选择空间滞后固定效应模型，最后通过对时间、空间固定效应相结合的显著性检验，最终选择个体固定效应。回归结果如表 4－4 所示。基于地理相邻空间权重矩阵、地理距离空间权重矩阵和经济距离空间权重矩阵构建空间滞后模型对空间溢出效应进行估计，三个模型的拟合优度均在 0.85 以上，主要解释变量数字贸易发展水平指数系数在三个权重矩阵中均通过了 1%水平的显著性检验，且系数为正，说明数字贸易发展指数每提高 1 个百分点，总消费水平提高 0.680 个百分点。被解释变量空间滞后项均通过了 1%水平的显著性检验，说明本地区的消费水平对邻近地区的消费水平有明显的正空间溢出效应。

表 4－4　数字贸易发展水平指数对国内大循环的 SLM 模型估计

参数	邻接矩阵 $W1$（1）	地理距离矩阵 $W2$（2）	经济距离矩阵 $W3$（3）
T	0.680** (0.01)	0.722*** (0.00)	0.667*** (0.01)
G	−0.025 (0.66)	−0.017 (0.76)	−0.017 (0.76)
S	−0.323** (0.04)	−0.244* (0.10)	−0.356** (0.02)

（续）

参数	邻接矩阵 $W1$（1）	地理距离矩阵 $W2$（2）	经济距离矩阵 $W3$（3）
I	0.017 (0.18)	0.015 (0.26)	0.018 (0.15)
M	0.157 (0.17)	0.140 (0.21)	0.162 (0.15)
A	−0.001 (0.80)	−0.002 (0.76)	−0.001 (0.88)
Sigma_e	0.001*** (0.00)	0.001*** (0.00)	0.001*** (0.00)
rho	0.374*** (0.00)	0.506*** (0.00)	0.259*** (0.00)
R^2	0.863	0.891	0.923
N	186	186	186

注：***、**、*分别表示在10%、5%和1%的水平上显著，下同。

六、简要结论及启示

在构建国内大循环新发展格局的新形势下，促进数字贸易发展是重要途径。以代表内需的总消费水平作为因变量，参照已有研究对数字贸易发展水平指数进行测算；同时，选取了5个控制变量。运用空间滞后模型分析数字贸易对总消费水平的影响。研究结果表明：第一，数字贸易对本地区的总消费支出会产生显著的正向影响。第二，本地区的消费支出会对邻近地区的消费支出有显著的正向影响，这种正向影响受到地区之间经济发展水平差异的影响，也受到两地区地理距离的影响。第三，本书采用人口抚养比来侧面衡量社会保障体系，人口抚养比对总消费支出有显著的负向影响。

本书所探索的国内大循环和数字贸易发展的链接机制不但印证了两者之间的联系，更为发展数字贸易促进国内大循环提供了科学经验依据，并且所得结论也具有政策意义。数字贸易的发展不仅体现在数字贸易发展水平的测算上，而且直接地反映在各省份数字货物贸易和数字服务贸易的规模上，各省份数字贸易的发展必然会促进各省份市场流通、要素流通，有利于打破壁垒，畅通国内大循环；更有利于激发潜在的国内市场，促进以国内大循环为主体的新发展格局的形成。目前，中国乃至世界正在经历重大的变革，数字经济蓬勃发展，逆全球化浪潮迭起，资本要素流动受阻。要利用数字经济发展数字贸易，破除传统机制阻碍，畅通国内大循环。更要利用好“空间溢出效应”，加强区域联动，打破壁垒，兼顾多方利益，推动国内大循环高质量发展。

第二节　数字贸易与国际大循环的链接机制

一、数字货物贸易与国际大循环

（一）我国跨境电商发展现状

跨境电商自诞生以来便蓬勃发展，增长率最高时超过 80%。跨境电商是数字货物贸易的主要表现形式。我国对跨境电商的统计口径不断改进。《关于开展跨境电子商务企业对企业出口监管试点的公告》（海关总署公告〔2020〕第 75 号）增列海关监管方式代码“9710”，全称为“跨境电子商务企业对企业直接出口”，适用于跨境电商 B2B 直接出口的货物。增列海关监管方式代码“9810”，全称为“跨境电子商务出口海外仓”，适用于跨境电商出口海外仓的货物。“9710”和“9810”是专门监管出口的，这说明我国跨境电商领域优进优出取得实质性的进展。

海关总署和跨境电子商务报告数据显示，2021 年全国跨境电子商务进出口总额达 1.69 万亿元，按照可比口径计算增长了 15%。如图 4－1 所示，自 2015 年以来，跨境电子商务发展始终保持着较高增速。2020 年新冠疫情全球肆虐，全世界商品贸易下降 7.4%，发展中经济体的服务贸易出口下降了 26%，但 2020 年中国跨境电商进出口额在可比口径下逆势增长 31.3%。2019—2020 年跨境电商进出口额绝对值增长较大，但是增长率仅有 31.30%。这是由于 2020 年跨境电商新增的监管方式扩大了跨境电商的统计口径。这说明跨境电商的统计越来越科学和完善。

图 4-1　2015—2021 年中国跨境电商进出口总额及增速

第三方统计报告显示，2019 年中国发往全球的包裹总数达 303 482 389 件，占比前五的国家分别是：美国（29.29%）、法国（6.42%）、俄罗斯（6.10%）、英国（5.55%）和德国（4.59%）。2019 年全球发往中国的包裹数达 436 万件，排名前五的国家和地区分别是：日本（25.05%）、中国香港（22.69%）、韩国（9.33%）、美国（8.65%）和英国（4.73%）。2020 年中国发往全球的包裹总数达 283 906 736 件，占比前五的而国家分别是：美国（36.37%）、英国（6.94%）、法国（5.54%）、德国（5.16%）和加拿大（5.01%）。2019 年全球发往中国的包裹数达 446 万件，排名前五的国家和地区分别是：中国香港（28.97%）、日本（21.11%）、韩国（8.96%）、英国（6.60%）和美国（6.13%）。

（二）数字货物贸易对国际大循环的贡献程度

参与 WTO 以后，中国参与国际循环的程度明显提升，积极参与国际产业链。但是不同于21世纪初期的是，劳动密集型产业已经失去优势，时代要求我们更高质量地参与国际大循环。后疫情时代，跨境电商为代表的数字货物贸易将在国际大循环中发挥越来越重要的作用。如表4-5所示，在2020年以前，数字货物贸易绝对值保持着较高速的增长，但是相比于货物贸易总值，比重没有明显的增加。但是在2020年新冠疫情发生以来，数字货物贸易凭借其非接触性、灵活性、周期短等优势在货物贸易中具有较强的韧性。但是2021年跨境电商比重有所回落。这说明在未来一段时间，数字货物贸易将是我国参与国际大循环的重要方式之一，但是面对复杂的国际环境，数字货物贸易仍然需要更健全的统计方法、更完备的规章制度。

表4-5　2015—2021年中国跨境电商进出口总额及增速

年份	跨境电商进出口额（亿元）	货物进出口总额（亿元）	跨境电商比重（%）
2015	360.0	245 503	0.15
2016	499.6	243 386	0.21
2017	902.4	278 099	0.32
2018	1 347.0	305 008	0.44
2019	1 862.1	315 627	0.59
2020	16 900.0	322 215	5.24
2021	19 800.0	391 000	5.06

数据来源：海关总署和跨境电子商务报告。

二、数字服务贸易与国际大循环

数字服务贸易统计分类。根据联合国贸易和发展会议发布的《2020年数字经济统计数据编制手册》，服务贸易中可以远程交付的服务包括ICT（信息和通信技术）服务、销售和市场营销、管理、行政和后台办公室服务、工程、研发、教育，以及可远程交付的任何其他服务。其中，数字服务贸易被分为7类：保险服务，金融服务，通信、计算机和信息服务，管理、行政和后台服务，教育和培训服务，许可服务，销售和营销服务。由于现存的服务贸易统计方法远远滞后于货物贸易。上述统计分类仍然存在瑕疵，但仍然是现存的较为可行的方案。

（一）全球服务贸易概况

按照国际收支的概念，本书所提到的服务应理解为促进产品或金融资产的交换。当一项服务以下列任何一种方式提供时，就发生了国际服务贸易：从一个经济体到另一个经济体（跨境服务）；在一个经济体中为另一个经济体的消费者服务（消费者跨越边界）；通过一个经济体的自然人在另一个经济体的存在（供应商跨境）。随着全球经济的发展，服务业已成为国民经济中的主要产业之一。越来越多的国家和地区将服务业视为重要的发展战略，不断加大对服务业的投资和支持力度。在全球化的背景下，服务业的国际合作和跨境贸易也变得越来越普遍，服务业国际合作可以促进技术创新、知识共享、人才交流等，有助于提高服务业的质量和效率，进一步促进全球经济的发展。随着服务业在全球经济中的地位不断提高，服务在全球价值链中的作用也越来越重要，服务业不仅可以为生产性产业提供配套服务，而且可以创造新的价值和利润来源，成为全球经济增长的重要引擎。

21 世纪的数字经济革命改变了服务业不可进行贸易的性质，将会促进全球服务市场的形成①。如果将全球服务贸易考虑在内，新冠疫情以来始终热议的经济全球化并没有停滞。在数字经济快速发展的推动下，一个以人的技能和独创性为驱动力的全球化市场正在向前发展。数字经济正在助力全球服务贸易发展。在这样的背景下，服务贸易已经逐渐发展为贸易部门中最具活力的一部分。习近平主席在 2021 年中国国际服务贸易交易会全球服务贸易峰会上的致辞中指出，服务贸易是国际贸易的重要组成部

① 江小涓、罗立彬：《网络时代的服务全球化——新引擎、加速度和大国竞争力》，《中国社会科学》，2019 年第 2 期，第 68－91 页。

分和国际经贸合作的重要领域，在构建新发展格局中具有重要作用[①]。据2019年WTO《世界贸易报告》预测，到2040年，服务贸易将占到世界贸易的1/3（仅限于跨境服务贸易，不包括外国附属机构）。麦肯锡全球研究院报告显示，数字平台、物联网、自动化和人工智能等新兴技术将在未来10年间可能使商品贸易的发展进一步减缓，同时推动服务贸易的加速发展[②]。

数字化已成为当代服务贸易发展最基本的特征之一。全球新冠疫情对世界经济造成了严重影响，导致各国采取了一系列防疫措施，这些措施对全球供应链和人员流动产生了极大影响，服务贸易也受到了很大冲击。疫情导致服务贸易面临更多的不确定性和挑战。但与此同时，疫情也凸显了数字技术的重要性，数字化交付程度较高的部门受到的负面影响较小，甚至还出现了逆势增长。因此，数字化已成为后疫情时代全球服务贸易发展的基本图景和重要趋势。全球服务贸易数字化的特征可以归纳为五个方面：数字技术大幅度地提高了服务的可跨境贸易性，这意味着服务可以更加便捷地在不同国家和地区之间进行传递和交付；数字技术推动服务贸易模式发生了转变，传统的实体贸易正在被数字化贸易所取代；数字化催生了服务贸易产业组织变革，企业的组织结构和管理方式正在向数字化方向转型；数字技术加速了全球价值链服务化，使得服务贸易在全球价值链中的作用更加突出；数字技术推动服务贸易，助力包容性发展，促进了发展中国家和地区的数字化发展和服务贸易。在未来的发展中，数字技术将继续发挥重要作用，推动服务贸易的发展，为全球经济增长和繁荣做出更大的贡献。

---

① 习近平：《在2021年中国国际服务贸易交易会全球服务贸易峰会上的致辞》，《人民日报》，2021年9月3日第2版。

② 麦肯锡全球研究院：《变革中的全球化：贸易与价值链的未来图景》，https://www.mckinsey.com.cn/wp-content/uploads/2019/04/变革中的全球化：贸易及价值链的未来图景—中文摘要.pdf.

当前，全球服务贸易发展面临着多种因素的制约。其中最主要的是经济全球化进程不断推进，各国经济利益格局的变化，以及全球市场规模和结构的变化。在这些因素的影响下，全球服务贸易的推进机制将受到一定程度的挫折，导致全球服务贸易处于发展不充分水平。据 WTO 的《世界贸易报告 2019》数据，服务业在全球经济中占据主导地位，创造了超过 2/3 的全球经济产出，吸引了超过 2/3 的国际直接投资，为发展中国家和发达国家分别提供了 2/3 和 4/5 的就业岗位。然而，服务贸易仅占世界贸易 20%左右的比重，这说明全球服务贸易发展还有很大的提升空间。

（二）中国数字服务贸易现状

2020 年中国服务贸易增长率如图 4-2 所示，受 2020 年全球新冠疫情影响，中国的服务贸易净出口负增长，这和全球的服务贸易总体状况一致。从服务贸易类型上来看，加工服务、维护和维修服务、旅游、建筑、个人文化和娱乐服务都是负增长，尤其是旅游和建筑，无论是进口、出口，还是进出口总额都是负增长。由于 2020 年初新冠疫情暴发，根据联合国贸发会议发布的《全球贸易和发展报告》并结合中国服务贸易出口状况可知，受新冠疫情影响较大的是无法用数字技术代替的服务种类。在全球服务贸易整体衰退的情况下，保险和养老金服务，金融服务，电信、计算机和信息服务，知识产权使用费仍然保持正增长。这是由于网络通信技术的普及、跨国支付的完善、国际信息交换更加便利，这类非接触式的服务贸易发挥其自身优势，所展现的强大韧性也体现了发展的巨大潜力。

根据《全球贸易和发展报告》计算，2020 年中国数字服务贸易进出口占服务贸易进出口总额的 24.9%，其中，数字服务贸易出口占服务贸易出口总额的 28.2%，数字服务贸易进口占服务贸易进口总额的 22.6%。数字服务贸易发展有较大潜力，并且在未来一段时间将是我国参与国际大循环的重要方式。

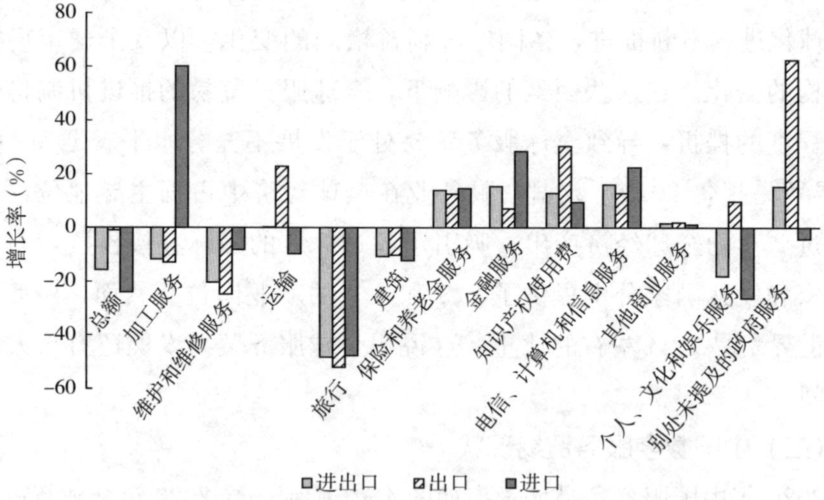

图 4-2　2020 年中国服务贸易进出口增长率

三、中国数字贸易对国际大循环的依赖

（一）中国经济对国际大循环的依存度

相对于外贸依存度，中国经济对国外大循环的依存度是通过国外需求对本国 GDP 的贡献程度来衡量的。陈全润等（2022）创造性地选用了国外循环依存度来衡量中国经济参与国际大循环的程度。如图 4-3 所示，中国经济对国外循环的依存度总体保持在 20%的水平上下，虽有波动，但总体较为平稳。相较于国内大循环，显然可以看出，中国经济主要依赖广阔的国内市场，这也印证了我国的经济政策从“国际大循环”转向“国际国内双循环”是符合经济发展规律的。

（二）中国数字贸易发展水平

从数字货物贸易来看，中国跨境电商主要集中在出口，并且出口地区较为集中，排名前五的国家和地区的包裹数量占比超过 50%。跨境电商进口额不足出口额的一半。从数字服务贸易来看，美国是全球主要的数字服务贸易出口国，紧随美国的是英国和德国，中国在世界范围内位居第

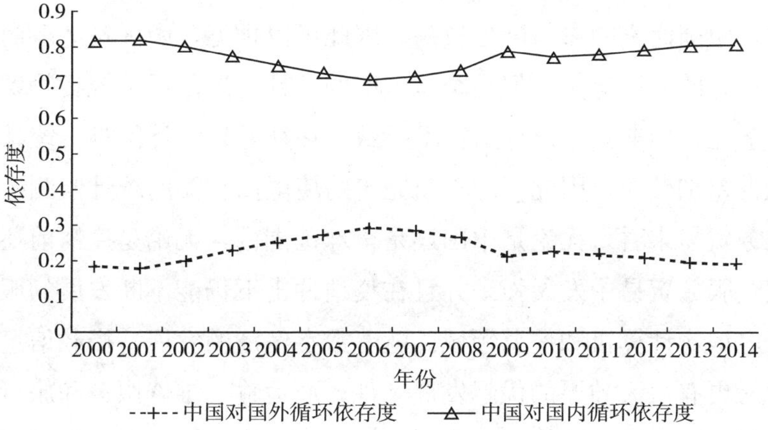

图 4－3　2000—2014 年中国经济对国内循环及国外循环的依存度

数据来源：陈全润、许健、夏炎、季康先：《国内国际双循环的测度方法及我国双循环格局演变趋势分析》，《中国管理科学》，2022 年第 1 期，第 12－19 页。

四，是发展中经济体中最主要的数字贸易服务出口国。发达经济体的数字服务出口和进口总额均超过其他发展中经济体，但是 2020 年发展中经济体服务出口和进口总额年增长率均大于发达经济体。中国作为发展中国家，要借鉴发达国家的发展优势，发挥发展中国家的后发优势，提高数字经济发展水平，完善数字服务出口的法律法规和统计依据。

（三）中国加强国际大循环参与度的策略

从跨境电商进出口来看，2020 年跨境电商购物消费集中在美妆个护、母婴、保健品、户外运动、食品、电子产品等品类。国内跨境电商主要集中在天猫国际、考拉海购、北美省钱快报、有赞、拼多多、京东和云集。用户具有以下特征：出境人群、旅游人群、追求省事的国内消费者。海外六大主流电商平台是：Amazon、eBay、Aliexpress、wish、shopee 和 Walmart。在六大海外主流电商平台中，来自美国的卖家约有 39.46％的份额，中国卖家排名第二。其中，来自中国的第三方卖家约 33 万家，活跃卖家数量约为 22 万家，占中国卖家总数的 67％。中国活跃卖家比例高于全球平均水平的 62.6%。跨境电商势头正盛，国际国内的电商平台种类多样，中国商家的参与度也较高，因此可以预见，中国跨境电商将会继续保持良好的发展势头。但是跨境电商的统计远远落后传统货物贸易，因为其分散化、周期短，统计口径不一致，往往导致统计困难，统计数据和实际数据差别较大。因此，应不断完善跨境电商相关的统计监测标准。从数字服务贸易来看，无论是中国还是全球范围内，无论是疫情前还是后疫情时代，服务贸易中发展强劲并且在疫情冲击下仍能不断发展的服务贸易品类是电信、计算机和信息领域。随着数字经济的发展，搭载信息技术的服务贸易更有得天独厚的优越发展条件，而运输、维修服务和旅行这类接触性的服务受疫情影响极大。所以在后疫情时代，中国发展服务贸易，就要坚持和引导服务贸易数字化，发展电子、通信、计算机和金融服务等服务贸易。

第五章

中国数字贸易政策解析

数字贸易作为一种新兴的贸易形式进入 21 世纪第二个十年以来，网络信息技术和“线上”的支付技术不断发展和革新，以数字化、全球化和网络化为特点的数字贸易逐步替代传统贸易形式，改变着人们的交互方式、购物模式、交易形式等。数字贸易已经逐渐发展为一种新型的、重要的贸易形式，也是推动世界经济进一步发展的新动能。本章以中国和主要国家（经济体）的数字贸易政策特点为切入点，分析对比各国（经济体）的数字贸易政策，展望未来数字贸易发展的趋势，并针对中国数字贸易的基础和特征，分析中国数字贸易政策发展的前进方向。

第一节　中国数字贸易政策

尽管发展时间相对较迟，但是由于国内的数字基础设施和电子商贸迅速发展，加上其巨大的市场空间，使得数字贸易在中国迅速发展。尤其是近年，中国顺应全球经济发展大趋势，持续扩大和深化对外开放，对数字产品交易给予有力的政策支持。本节通过总结中国数字贸易发展的现有基础，对中国数字贸易政策的特点进行梳理，有助于进一步加快推进中国数字贸易的健康发展。

一、中国数字贸易发展的基础

中国拥有大量的数字产品交易市场和更加完备的数字化基础建设，使中国数字贸易的发展前景十分广阔。国家海关总署统计调查显示①，2021年中国跨境电商进出口规模为19 237亿元，同比增长18.6%。中国的数字贸易发展已经引起了国际社会的关注，中国将在国际经济新一轮的变革中发挥重要作用。

（一）数字技术的进步和普及为数字贸易发展奠定基础

数字贸易是数字经济发展中的核心环节，它对传统商业模式的革新起到了很大的促进作用。中国数字贸易发展前景广阔，尤其是互联网和通信技术的发展和应用，为数字贸易的发展奠定了坚实的基础。同时，阿里巴巴、腾讯、字节跳动等互联网巨头，为中国数字贸易发展打下了坚实的基础。党和政府高度重视数字贸易的发展，2017年10月，党的十九大报告中写入了“数字经济”内容，并提出“推动互联网、大数据、人工智能和实体经济深度融合”的发展思路。2022年两会期间，政府工作报告中提及充分发挥跨境电商的作用，并将“加速发展外贸新业态新模式”作为对外贸易创新发展的新抓手。同时，随着“一带一路”倡议和自由贸易试验区的实施，使中国与国际社会的关系更加紧密，并将推动中国与周边国家的数字贸易不断发展。

（二）中国数字经济的发展为数字贸易提供动力

数字贸易是数字化时代发展的主要表现和必然结果。中国数字产业的蓬勃发展，为数字贸易的发展奠定了良好的基础，也为中国数字贸易在“质”和“量”两方面的发展起到了良好的支撑。最近几年，随着科技的

① 跨境电商进出口为全业态口径，以在线成交的进出口货物为统计范围，包括并不限于海关监管方式“网购保税”（代码1210、1239）、“跨境直购”（代码9610）、“跨境电商企业对企业直接出口”（代码9710）及“跨境电商出口海外仓”（代码9810）项下进出口货物。

发展，世界范围内的国际贸易竞争也在不断地改变。在此背景下，发达经济体、新兴经济体和欠发达经济体纷纷制定了相应的发展策略，推动各自的数字经济与数字贸易发展，力争在数字贸易竞争中占据主导地位。数字化转型和数字经济的迅速发展推动了世界范围内的数字贸易，同时也为中国数字贸易的发展打下了坚实的基础。

首先，数字技术的突破对提升中国的数字贸易具有重要意义。根据WTO的预测，到2030年，数字技术将贡献全球贸易年增长量的1.8%～2.0%。这得益于数字技术对数字贸易的巨大推动作用，尤其是数字技术重塑了全球产业链，其通过更好地发挥各国经济贸易中的比较优势，真正实现了“买全球、卖全球”。同时，数字技术也可以减少交易费用，增加中间服务的效能，对促进国际市场的价值链发展起到积极作用。尽管中国的数字技术水平与世界领先水平还有一定差距，但是一些重要的技术领域则取得了很大的进步。截至2021年年底，中国拥有4.5亿的5G手机用户，占据了世界80%的份额。另外，《中国数字贸易发展报告2020》显示，中国在大数据、云计算、人工智能方面的专利数量约为全球总量的20%，其中超过220个外包公司参与了软件和相关IT业务，合计总额高达470亿美元。

其次，中国数字经济的发展，为数字贸易构建了一个重要的支撑。《世界互联网发展报告2021》指出，全球各国都在积极响应新冠疫情的冲击，加快经济社会的转变。目前，中国的数字产业正在向世界范围内进行数字化的转变，这将会对世界范围内的数字化产品带来更大的冲击，改变国内、国与国之间的供应和市场格局，进而推动数字经济的发展，为中国数字贸易的发展提供一个良好的外部条件。国家互联网信息办公室发布《数字中国发展报告（2021年）》显示，中国数字经济规模在2021年达到45.5万亿元，占国内生产总值比重升至39.8%，数字经济规模总量连续多年位居世界第二，成为中国经济高质量发展的重要新引擎。

从具体表现上看：一是中国进行数字产业化的互联网行业和软件行业

的市场份额在稳步增长，新产业、新业态、新模式如“云端”“互联网＋”等，推动了整个数字化产业链的发展；二是数字贸易平台、数字金融和区块链等数字技术的相互促进和整合，也在不断扩展传统货物贸易的发展水平，并进一步提升全球贸易效率，加速贸易数字化进程。

（三）中国数字贸易的业态和结构逐步优化，发展规模不断扩大

与货物贸易相比，数字贸易呈现出良好的发展态势。根据联合国贸易和发展会议的统计，由于新冠疫情的暴发，世界范围内的数字贸易在2020年达到31 926亿美元，同比增长3.8%，而在服务贸易中的占比则从2010年的47.3%增至52.0%，在全球贸易中的份额达到12.9%。按照联合国贸易和发展会议的估计，中国可进行数字交易的服务贸易总额为2 947亿美元，约为服务贸易总量的44.5%。到2025年，中国可数字化的服务贸易进出口额将超过4 000亿美元，约占服务贸易总额的一半。

从商务部发布的数据中可知，自2015以来，中国服务贸易的出口增长速度明显超过了货物贸易，特别是近几年，电信、计算机、信息等服务贸易的进出口总额占比都超过了10.0%，其中，这三类商品在服务贸易中所占有的份额之和从2012年的4.5%上升到2020年的14.5%。2021年，中国知识密集型服务进出口23 258.9亿元，同比增长14.4%。其中，知识密集型服务出口12 623.9亿元，同比增长18%；出口增长较快的领域是个人文化和娱乐服务、知识产权使用费、电信计算机和信息服务，同比分别增长35.0%、26.9%、22.3%。知识密集型服务进口10 635亿元，同比增长10.4%；进口增长较快的领域是金融服务和保险服务，同比分别增长57.5%和21.5%[①]。展望未来，中国的数字基础设施不断健全，经济和社会的整体数字化转型加快，将使关联企业更具发展动力，进而不断推进产业数字化与数字产业化发展，推动新业态、新模式、新技术的发

① 商务部新闻办公室：《商务部服贸司负责人介绍2021年全年服务贸易发展情况》，www.mofcom.gov.cn/article/xwfb/xwsjfzr/202201/20220103277846.shtml。

展，使中国数字贸易的业态结构更加优化，为中国高品质的数字贸易发展奠定良好的基础。

二、中国数字贸易政策特点分析

目前，中国的数字贸易还没有从数字经济的发展中彻底脱离。与美国等数字贸易发展程度较高的发达国家相比，中国数字贸易的分类还不完整，有关数字贸易的统计数据还不够完善，统计体系有待进一步优化，针对性研究较为缺乏。目前，中国的数字贸易政策的特点主要包括以下三个方面。

第一，依靠政府政策法令，对中国数字贸易环境进行全方位优化。《中华人民共和国网络安全法》自 2017 年 6 月 1 日起施行，其中明确了“对常态化跨境信息流动实施禁止或限制”，“关键部门”企业必须将其资料本地化。2019 年 1 月 1 日起施行的《中华人民共和国电子商务法》中，“消费者权益保护”“电商平台审查”等问题得到了细化。2022 年政府工作报告中提到了跨境电商（数字贸易）发展，并将“加快发展外贸新业态新模式”确定为中国外贸发展的新增长点。

第二，中国在面对全球数字贸易规则谈判中的焦点议题保持相对审慎的态度。中国从自身的国家利益和发展需求出发，在国际上就国际数字贸易规则谈判中的焦点议题进行磋商时，采取了较为审慎的态度。中国有关部门在如“跨境数据和信息自由流动”“网络审查”等问题上，要求加强有关跨境数据流的安全监管，并对有关网络内容及网站的安全性进行检查；对于“数据强制本地化”，要求在“关键”业务中实现相关数据的本地化存储。

第三，利用电子商务促进中国自身数字贸易发展。中国数字贸易虽然起步相对较晚，但目前中国电子商务产业已经发展得较为完善，并且形成了一个完整的运作系统。在电子商务发展进程中产生的互联网企业可以为发展数字贸易提供便利，而现有的电子商务规则制度也可为今后制定中国数字贸易政策提供一定的参考借鉴。

第二节　数字贸易政策国际比较

近些年，世界范围内的数字贸易规则体系日益健全，各数字贸易发达国家（经济体）相继出台了一系列的数字贸易政策文件，明确地提出或表示支持本国数字贸易发展，以保证自身利益最大化。

美国、中国、欧盟、日本等世界主要经济体的数字经济发展在世界范围内处于领先地位。美国、欧盟和日本因为彼此发展观念相近，正在努力将其影响力延伸到利益更大的数字贸易中去。美国、欧盟和日本于 2019 年 1 月 9 日在华盛顿召开的贸易部长大会上表示，其将共同努力推进数字领域的贸易发展，并致力于提升数据安全性，以达到优化数字贸易生态的目的。尤其是在数字贸易的规则方面，美国、欧盟和日本将借助其在国际上的领先优势，在世界范围内大力推行其数字贸易规则与理念，力图在未来的数字贸易大潮中占有主导地位。

一、美国数字贸易的政策体系

美国是当今全球数字贸易发展的“领头羊”，同时还主导了国际数字贸易规则的制定。美国在发展数字贸易的过程中，一直致力于在不同层面大力倡导以“跨境数据和信息的自由流动”为主要特征的信息全球化，以此来加强和巩固其在世界范围内数字贸易的竞争优势和领先地位。

（一）美国数字贸易的发展现状

作为全球数字经济和数字贸易的领导者，美国拥有全球最大的数字经济市场规模（11.5 万亿美元）。与其他国家相比，美国数字贸易发展起步早，数字基础设施比较完备，在互联网和数字技术方面也远远领先于其他国家。美国拥有谷歌（Google）、微软（Microsoft）等全球知名的云计算服务提供商，其市场份额约占全球云计算行业整体规模的 60%，主导了全球云计算服务行业。此外，美国率先把数字贸易与数字经济分开。这些先发优势使得美国成为世界数字贸易领域的绝对领袖。这一领导地位主要表现在以下四方面。

第一，从数字贸易市场规模变化来看，美国的数字贸易市场规模不仅远超全球平均水平，而且仍在逐年增长。据统计，早在 2017 年，美国数字贸易（不包括数字商品）出口已达 4 390 亿美元，其在 2013—2017 年的数字贸易规模则以每年 13%的年均增长率迅速增长，比同期货物贸易和服务贸易的出口额增速要快，美国的数字经济规模在 2020 年达到 13.6 万亿美元。

第二，从数字服务进出口额看，美国数字服务占其服务贸易进出口总量的比重很高，其数字服务出口额位列全球第一。早在 2016 年，美国商务部数据统计，美国数字服务出口已占其服务贸易出口总额的 54%，数字服务进口占所有服务贸易进口总额的 48%，而数字贸易产生的顺差则为 1 595 亿美元，占美国服务贸易顺差总额的 64%。

第三，从国内生产总值和就业方面看，数字贸易对美国的经济发展和就业有着重要的正面促进作用。根据美国国际贸易委员会的相关数据，数字贸易推动了美国国内生产总值 3.4%～4.8%和实际薪资 4.5%～5.0%的增幅，并且多提供了 240 万个工作机会，数字贸易很大程度上提高了美国的生产率，并大幅减少了贸易交易费用。

第四，美国站在国家战略的角度，把发展数字贸易和数字经济作为一项重要的发展策略。最近几年，美国政府推出了一系列有关数字贸易和数字经济的政策，并将数字贸易纳入国际商务谈判之中。早在 2015 年，美国商业部就在《数字经济议程》中把发展数字经济视为其取得成功和维持竞争优势的重要手段。美国商务部 2018 年发布的《数字经济的定义和衡量》工作报告中，对美国的数字经济和数字贸易提出了新的定义和标准。美国主导的《跨太平洋伙伴关系协定》谈判中，同样包含大量的数字贸易规则及相关条款。

纵览全球，美国将继续在世界范围内推动和促进数字贸易的发展。美国政府在国际数字贸易领域居于领先地位，引领世界数字贸易的发展。

（二）美国的数字贸易主张

美国在自身技术优越性和利益的驱动下，认为互联网应该淡化、消除主权思想的影响。其主要观点是：国家主权与数字主权是完全不同的两个概念。主权意味着在垄断使用权力上有明确的领土边界。网络空间则是以自愿原则为基础的众多个体所组成，通过相互联系、共享设施和合作，打破物理界限，促进信息的自由流通，是网络空间价值最重要的表现。

美国要想在互联网上获得数字主权，就得切断与外界的一切数字联系，或者和其他国家争夺全球互联网的数字主权。互联网的存在是为了促进信息的自由流通，需要一个高度连通性、开放和可信的环境，为人们交流信息和思想、交换物品和服务以及参加国际事务提供保障。美国数字贸易主张，开放是数字化的重要保障，但数字主权会给全球带来许多挑战。

美国大力提倡以数据自由流动为主要特点的信息全球化。其在 2011 年 5 月公布的“网络空间国际战略”中提出，互联网是一个无国界的、信息自由流通的全球性网络空间，并可自由地进行跨国商务与通信。美国声称这种想法与目前的网络管理方式以及美国言论自由、自由结社和隐私权的原则是一致的。美国把信息全球化和经济全球化紧密联系在一起，主张各国的数字贸易政策不应该对互联网效能和全球经济造成冲击，这也是美国在数字贸易政策上的基本主张和关注焦点。美国认为数字贸易是推动技术、商品、服务、人员和资金流通，促进全球一体化和相互连通的推动力量。如果采取措施来阻止跨境数据的自由流通，就会削弱数字贸易的效能，抑制竞争，妨碍建立一个公平的市场环境。为此，美国政府坚决抵制实行跨境数据流通管制，其主要体现为：不支持数据本地化，不支持强制保存数据，预防过度干预数据平台服务等。

美国拒绝将数字主权用于处理数字安全领域问题。美国主张技术中立，主张技术没有善恶好坏之分，技术的使用才是最重要的。在面临由互联网袭击引起的安全问题时，美国宣称数字主权不能解决如黑客、电脑病毒、信息泄露等技术问题。其理由是，网络袭击的对象不仅是政府，而且政府也没有能力为其提供技术支持。美国主张各国应该保持其在数字安全方面的中立地位，而不是以信息安全为由强化数字主权，应该允许技术公司继续研发更为可靠的技术来改善其安全性。但是，自从“斯诺登事件”以及美国情报部门使用互联网后门进行网络攻击被披露之后，美国的数字安全正处于一种巨大的挑战中。

美国是以行业自律为核心来保障“数字隐私”。与欧盟和日本比较，美国更具自由市场的特征，认为各国的政府无力与科技企业的技术发展速度保持同步，因此相关法律和法规会妨碍技术的发展。

美国政府在制定数据隐私保护政策方面存在一个主要争议是：是否采用“规定性”的方式，即法律规定对数据进行保护的义务；还是利用“基于结果”的方式，也就是说，法律注重组织实践的成果，而非界定这些做法应该是什么。前者是指政府在规范科技公司的隐私权保护方面采取哪些具体法规；而后者则是依赖于行业的自律标准和自我管理，政府仅会在涉及侵犯个人隐私的实质性后果发生时，进行处罚或管制。

目前，美国政府采取的是后者，即美国国家标准与技术研究院发布的《隐私框架》。该框架为各个组织和团体制定了一套自愿性标准，用于识别、评估、管理和交流隐私风险，以便协助行业和组织制定和修改框架，并在不同的监管背景下实施隐私风险管理。可见，美国采取的措施是建立隐私标准，推动企业开展行业自我约束，从而防范风险和保护隐私。

（三）美国数字贸易政策特征分析

美国在发展数字贸易和数字经济方面一直处于领先地位。1998 年，美国商务部发表的《浮现中的数字经济》标志着美国正式拉开了全球数字经济的发展大幕。1998—2019 年，美国总共发表了 13 份有关数字经济的重要报告文件，探讨了世界数字贸易和数字经济的发展趋势，而美国也跻身世界在数字贸易和数字经济最具影响力的行列。

"数字贸易"这一概念首次被清晰地提到，是 2013 年美国国际贸易委员会发布的《美国和全球经济中的数字贸易Ⅰ》中，其为美国的数字贸易提供了一条新的发展道路。美国自此逐渐将数字经济政策的重心转向数字贸易，并致力于推动资讯与数据的全球自由流通。之后又先后于 2014 年和 2018 年发布了《数字经济与跨境贸易：数字化交付服务的价值》和《北美数字贸易》，以上文件对美国数字贸易的发展起到了巨大的推动作用，并使美国在世界范围内的数字贸易中占据主导地位。

美国作为世界上最先进的数字贸易大国，以其在世界范围内领先的数字技术和在国际贸易中的优势地位，主导了全球数字贸易发展方向。同时，美国在世界范围内的数字贸易规则谈判中占据上风。多年来，为了加强和巩固其在全球数字贸易领域的竞争优势和领导地位，美国政府一直以来都在努力构建一套适合自身发展需求的数字贸易规则新体系，这也在近些年美国政府的数字贸易政策中得到了充分的反映。

第一，美国的数字贸易政策核心议题一直没有变化。

美国在数字贸易政策上始终坚持一贯的核心立场，即在数字贸易领域促进开放性和自由发展，打破数字贸易壁垒。此后，美国在区域、多边和双边多回合贸易规则的谈判过程中，多次阐明了自身数字贸易政策的基本立场，主要包括"跨境数据和信息的自由流动""数据传输与消费者隐私保护""禁止数据存储本地化要求""数字产品免征关税""数字贸易市场准入""知识产权保护""非歧视性待遇"等。在以上议题中，其最核心的诉求是"跨境数据和信息的自由流动"。

第二，美国通过多层次的贸易协定来谋求其数字贸易政策的核心利益。

尽管美国政府在 2017 年退出《跨太平洋伙伴关系协定》（Trans-Pacific Partnerchip Agreement，简称 TPP），但是其仍然坚持在各个层次的贸易协定谈判中表达自己的数字贸易政策主张：①区域层面：美国政府于 2018 年 4 月向 WTO 总理事会提交了包括"信息自由流动"和"数字产品的公平待遇”在内的关于联合声明的新议案；②多边层面：2018 年 10 月，美国与墨西哥、加拿大签署了《美国—墨西哥—加拿大协定》（The United States - Mexico - Canada Agreement，简称 USMCA），并将“保证数据的跨境传输和自由流动”“消减数字限制措施”“保护消费者隐私”等议题加入其中；③双边层面：2019 年 1 月，美国政府与欧盟签署的《贸易谈判摘要》中，明确要求欧盟要向美国开放跨境数据流。

第三，“跨境数据和信息的自由流动”是美国数字贸易政策的核心之一。

在数字经济时代，数据已经是一种新的生产资料。数据的使用、分析、操作和共享使得数据具有价值。美国政府认为，只有在国家、部门和企业之间能够通过信任和授权的方式来访问数据，此时数据的价值才会最大化。也就是说，如果数据没有任何约束，几乎可以让全世界各地的人们在同一时间内无限量使用，那么可以在很多地方同时提高这些数据的使用次数，特别是对于同一数据元素的频繁使用，可以大大提高它们的使用价值。对于数据流的管制，会限制个人、企业访问互联网的可能性，从而使互联网分散化，这与建立互联网的最初目的背道而驰，也为美国提供了借由数据流动的价值反对数据流管控的理由。

美国以自由贸易为立场，反对将数据本地化，认为这是一种数字贸易壁垒。数据本地化意味着：假如美国企业希望在欧盟开展数据相关业务，需要加大资金、技术和人力方面的投资，以便在欧盟本土设立一个服务器并储存数据。这加大了美国公司在欧盟的合规要求，加大了美国公司建立数据基础设施与架构的投资成本，甚至使部分美国公司出于更高的花费和更多的责任选择不进军欧盟市场，因此丧失了欧洲市场可能带来的收益。一项研究显示，美国公司将数据本地化要求视为其在全球数字贸易中的最大障碍。美国一向坚持任何的数据本地化都会阻止跨境数据的自由流通，并认为此举会阻碍企业从事商业活动或个人进行私人交易，从而形成贸易保护主义。美国政府还认为，如果没有利用存储的数据，或是保存无用的重复数据，都可能给社会带来经济损失和数字生态损失。

第四，在政策工具方面，美国在国内外大力推行具有信息全球化色彩的各项数字贸易政策议程，以促进数据流动自由化，反对数字贸易壁垒。

美国商务部在2015年发布了“以推动全球自由和开放的互联网”为目标的数字经济计划，认为在没有数据流通障碍的情况下，互联网对美国的商业和劳动者来说都是最好的选择。美国国会于同年批准了一项旨在推动美国贸易促进的法案，确定了数字贸易的重要意义，并把互联网作为交易平台。在美国曾经主导的《跨太平洋伙伴关系协定》谈判中，也明确规定了禁止数据本地化，并且要求跨境数据和信息的自由流动。虽然美国后来放弃《跨太平洋伙伴关系协定》，但是美国政府仍然坚持通过贸易协定的方式，来促进数据的自由流通。例如，在美国、墨西哥和加拿大签署的《美国—墨西哥—加拿大协定》中，明确禁止对跨境数据流动进行限制，并禁止数据本地化。

作为数字经济领域的领军者，美国拥有全球最具影响力的数字公司，可以为其带来海量的跨境数据，从而给其带来巨大的数字贸易收益，因此，美国在制定和推广数字贸易政策方面具有天然优势。美国致力于构建一套符合自身利益的“美式模板”数字贸易规则，并通过与各国签订自由贸易协定的方式来扩大其应用领域。“美式模板”的中心思想是保持一个开放的世界数字市场，以确保美国可以从中受益。美国在美韩之间的自由贸易协定中引入了“美式模板1.0”，并首次确定了跨境数据和信息的自由流动。尽管美国已经从《跨太平洋伙伴关系协定》的对话中撤出，但是其条款中已经包含了“美式模板2.0”，它清楚地表明要促进数字贸易、数据和信息自由流通以及互联网的开放。在2018年签订的《美国—墨西哥—加拿大协定》中提出了“美式模板3.0”，旨在消除跨境数据的费用和数据本地化限制，开放政府公共数据，并禁止要求企业公布其原始代码和算法。这些美国数字贸易政策指导下的数字贸易规则，是美国基于自身利益建立的新的世界数字贸易制度，体现了美国的意愿，也体现了美国试图支配全球数字贸易市场，并在全球范围内制定具有约束力的标准。

二、欧盟数字贸易的政策体系

在欧盟，由于数字产业规模的快速发展，数字经济已经在其GDP中占有相当高的比重。欧盟坚持“隐私保护”和“视听例外”两条底线，推进“数字主权”的数字贸易政策方案。欧盟通过完善数字贸易法律体系，促进本地区单一数字市场、数据保护以及人工智能等方面的发展。

（一）欧盟数字贸易的发展现状

数字贸易与数字经济对欧盟的经济发展起到了巨大的推动作用，同时也促进了欧盟生产力的提升。在推动欧盟数字化的过程中，欧盟委员会一直在努力突破数据本地化的障碍，把发展数字贸易作为欧盟经济的重要发展战略目标，其发展现状主要归纳为以下两点：

第一，以数字经济为基础的数字贸易大大促进了欧盟的发展。从单一国家来看，德国的数字经济占其GDP比重超过65%，位列世界第一。从全欧洲的角度看，欧盟的数字产品和服务出口额也在持续增长。例如，2014—2017年欧盟数字产品和服务出口额从6 670亿欧元增至8 000亿欧元，年均增幅达到3.4%，相当于整个欧盟出口额的30%。其信息通信技术（information and communication technologies，简称ICT）业务的出口额高达2 700亿美元，占据了世界范围内信息通信技术服务的12%。另外，作为世界上第二大的云计算服务市场，欧盟云计算服务市场规模占据全球整个市场规模的21%（约189亿美元）。可见，数字贸易和数字经济对欧盟贸易和经济的蓬勃发展起到了至关重要的作用。

第二，欧盟将发展数字贸易提升至战略高度。数字贸易具有巨大的发展空间，其带来的正向经济效益已经得到了证实。因此，欧盟各国普遍就发展数字贸易达成共识，并将发展数字贸易提升至战略高度，这对于欧盟而言是一项必要的举措。从外部环境看，建设有完善的互联网基础设施和拥有先进数字技术的国家早已将数字贸易作为其重要的发展战略，欧盟国家也不例外。

因此，欧盟各国十分关注并持续推动数字经济与数字贸易的发展，努力突破传统的数据本地化障碍，构建欧盟一体化的数字市场。为了打破欧盟境内的数字贸易市场壁垒，欧盟委员会于 2015 年发布“单一数字市场”战略；欧洲议会国际贸易委员会于 2017 年通过了《数字贸易战略》报告，均旨在促进建立欧盟数据贸易战略，加快制定相关政策来确保跨境数据信息自由流动①。

（二）欧盟的数字贸易主张

从 2019 年开始，欧盟开始关注数字主权战略。欧盟委员会提出在 2019—2024 年建立一个“适应数字时代的欧洲”，并且承诺欧盟在重要领域拥有“技术主权”。欧盟议会研究服务局于 2020 年 7 月发布《欧洲的数字主权》报告，这反映了欧盟对数字主权的基本态度和对其所持的政策观点。该报告指出，在数字化的今天，欧盟面对着诸多挑战，尤其是那些来自非欧盟地区的技术企业，在欧洲的经济和社会发展中产生了越来越大的影响，这种情况已经严重威胁到了欧盟对个人数据的保护与管制，也限制了欧盟高技术企业的发展，以及减弱了欧盟在制定数字贸易方面法规和执法方面的力量。因此，为了保护欧盟个人、企业和政府的利益，欧盟应该加强对数字主权概念和数字贸易的主张。

欧盟委员会认为，数字主权是欧洲在数字领域中独立运行的一种权力，最重要的是欧盟及其利益相关者可以制定管理数字技术和数字技术公司的法规和标准。欧盟力求从两个方面确保自身数字主权：一是采取多种保护措施，二是与包括非欧盟国家在内的企业合作推动数字技术创新。在这里，采取多种保护措施的重点在于保障用户的个人信息和数据的安全性；推动数字技术创新是指欧盟会努力营造一个可以信赖的环境，使欧盟

① 商务部：《欧洲议会国际贸易委员会通过〈数字贸易战略〉报告》，http://gpj.mofcom.gov.cn/article/zuixindt/201711/20171102677923.shtml。

可以实现技术自主权，制定平等竞争的规则，提高数字技术资金投入，鼓励开展协作研发。从欧盟推进“数字主权”的政策方案来看，其数字贸易思想与过去的权利观念紧密相关，侧重于数字主权中的领土、居民、政府权力等议题，表现为注重跨境数据流动、数据本地化、公民隐私权保护、数字产业监管等。

然而，在全球经济一体化背景下，过度重视国家主权观念会导致贸易保护，使其失去互联网带来的利益。为此，欧盟在国家主权与数字主权中寻找平衡，并由此形成了“开放的战略自主权”（open strategic autonomy）的理念。这表明，欧盟正努力建立一个符合其自身利益的数字贸易规则，从而在保持欧盟利益和价值的同时，参与到影响世界数字贸易规则的制订工作中去。在数字贸易法规层面，欧盟希望创建一个公开的、平等的竞争市场，并希望来自全世界的公司参与，但在参与过程中需要遵循符合欧盟价值观的数字贸易政策。

欧盟将隐私权视作基本的人权，认为政府具有保护人权的职责，这体现了欧盟在数字主权思想下国家对人民权益负有责任的政治思想。

近几年，欧盟建立了非常严密的隐私和数据保护框架，该框架基于2018年5月25日欧盟出台的《通用数据保护条例》（general data protection regulation，简称GDPR），其前身是欧盟在1995年制定的《数据保护指令》。欧盟采取的是以预防为主，强调规避风险的立法原则，在事前制定各种关于个人信息隐私和数据保护的行为规范，并规定各方需遵循这些规范。《通用数据保护条例》为欧盟的数据处理提供了法律基础，为数据保存、存储限制、数据流通等方面建立了统一的规范。

（三）欧盟数字贸易政策特征分析

为了突破境内数字市场壁垒，未来欧盟将继续在数字贸易和数字经济领域推动单一数字市场、数据保护以及人工智能等方面的发展。

欧盟自2009年起先后颁布《数字红利战略》和《未来物联网战略》，显示出其在“数字红利”阶段的积极态度，促进无线业务和互联网领域的发展。欧盟委员会于2015公布《单一数字市场战略》，意味着其战略重心转移到数字贸易上，目的在于打破欧盟各成员国之间的数字贸易壁垒，促进数据有序流通，为个体及企业提供优质的数据产品与服务。之后，在2017年由欧洲议会国际贸易委员会颁布《数字贸易战略》，旨在推动欧盟的数字贸易发展，并在此基础上进一步制定了有关的政策，以保证各国之间的跨境数据自由流动，并对欧盟成员国之间的数字贸易保护措施表示明确的反对。同时，该战略也着重于强化公民的隐私权和个人相关数据的保护。

《通用数据保护条例》规定了在欧盟内部个人数据的自由流通。此外，为应对非个人数据的流通，欧洲议会和欧盟理事会于2019年5月正式实施《非个人数据自由流动条例》，目的是要打破阻碍欧盟各成员国和各信息系统间非个人数据自由流通的壁垒，使政府机构和企业能够在任意地点储存和处理非个人数据。欧盟在2019年7月发布《开放数据指令》(open data directive)，该指令为欧盟各成员国共同发展和分享公共信息提供了一个通用的法律框架，将有助于促进市场环境的透明化，促进公平竞争。欧盟于2020年11月通过《数据治理法》(data governance act)，再一次加强了欧盟内部数据分享的法律架构。欧盟目前正征求《数据法案》(data act) 和《数据服务法》(digital services act) 的建议，制定这两项法案的目的是统一欧盟各成员国的数据分享规则，并制止互联网巨头之间的恶意竞争。

由此可见，欧盟的数字贸易政策体系已经达到了一个相当高的程度。然而，由于各成员国对数字贸易的利益点不同，对数字贸易的规定还存在着一定的分歧，欧盟内部对数字贸易政策还没有形成完全统一的认识。因此，欧盟各成员国对有关“数字产品和服务的征税”的问题存在不同意见，并且到目前为止还没有得到一致的结果。

在数字贸易的国际政策上，欧盟致力于打造一个有利于自身的单一数字市场，签署了几十项自由贸易协定，推出了一系列与数字贸易有关的

“电信章”“金融章”“投资章”“知识产权章”等章节，从而形成了反映了体现欧盟政治制度与文化价值的数字贸易规则——“欧式模板”。“欧式模板”关注的重点在于推动跨境数据流动、完善知识产权保护和加强音像领域的协作。但在数字贸易规则方面，欧盟一直坚持“隐私保护”和“视听例外”两条底线。相对于“美式模板”来说，“欧式模板”还显得不那么完善，还需要在与世界其他国家数字贸易的持续竞争中不断地改进和发展。本书的第六章将详细阐述“欧式模板”数字贸易规则。

为了保证欧盟自身的数字主权，欧盟在跨欧盟的信息流动方面采取了更为严厉的管制措施。其中，最具代表性的是基于数字主权，对数据进行本地化处理。数据本地化，需要一国的数据必须储存在本国境内的服务器中。目前，美国、中国等国家的企业在世界范围内占据着云计算服务大部分份额，而欧盟各成员国担心这会失去对本国境内的数据的控制能力。在美国于 2018 年 3 月通过《澄清境外合法使用数据法》（clarifying lawful overseas use of data act，简称 CLOUD Act）之后，欧盟各成员国的政府和企业对过度依靠来自非欧盟数据网络的安全性产生了越来越多的担忧。为解决云和数据储存领域的问题，德国和法国联手推出盖亚 X（gaia - X）云存储计划，这个计划旨在欧盟范围内构建共同的数据基础设施，为公民、企业和政府的数据提供一个安全的环境。

三、日本数字贸易的政策体系

日本的数字贸易发展迅速，在世界范围内都占有较大的份额，而数字贸易也给日本带来了巨大的经济利益。日本有很强的数字经济基础，可以支撑其数字贸易发展。日本把发展数字贸易提升到了战略层面，着重强调以数字技术“硬实力”为核心，将其与自身产业结构有机地融合起来，从而实现本国数字化转型。在数字贸易政策方面，日本采取了更加灵活的政策措施，使跨境数据流动的政策更加灵活，与美国和欧盟两个主要的跨境数据流动管制体系全面对接。

(一) 日本数字贸易的发展现状

日本的数字经济在2016年就已经占到其GDP的46.4%。即便如此，日本政府仍继续努力提高其数字贸易市场的潜力。

2018年，日本经济产业省发布《通商白皮书》称，日本的跨境电商交易用户从2014年的3亿人次增长到2018年的9亿人次，而数字贸易的市场规模则由2 360亿美元增长到9 940亿美元。该白皮书还提到，中国是日本数字贸易市场快速增长的最大推动力，双方交易量的大幅增长很大程度上是因为数字贸易领域的扩展和交易平台业务范围的增加。

近年，日本政府把发展数字贸易作为一项重要的国家发展战略。2009年，日本推出《i-Japan战略2015》，旨在推动数字贸易，推动产业升级，强化数字基础设施，以及打破数据流通壁垒，建立一个安全的数字化社会。同年，日本政府出台了《ICT鸠山计划》，以期在全球数字技术领域占据领先地位。数字贸易时代的到来，对日本企业来说，这是一个巨大的机遇。

2020年日本数字经济规模已达2.48万亿美元，仅次于美中德三国，位列全球第四。在数字经济的推动下，日本数字贸易也呈现蓬勃发展态势。联合国贸易和发展会议数据显示，2010—2020年，日本可提供的数字形式交付的服务出口额从651.06亿美元增长到1 147.41亿美元，年均增长率为5.83%，超过全球年均增速。日本提供的数字化交付的服务出口额在服务贸易中所占有的份额也有了很大的增长，从48.44%增至71.58%。日本数字贸易政策的出发点在于如何融入全球数字贸易，如何抓住发展机会。因此，日本越来越重视本国的“数字硬实力”，努力利用数据这种新型生产要素的特性，使之与本国的产业组织相结合，实现数字化转型。

(二) 日本的数字贸易主张

日本在国内的法律制度方面，采取更加灵活的政策，使跨境数据流动更加灵活，与美国和欧盟两个主要的跨境数据流动管制体系全面对接。在跨境数据流动方面，日本制定的限制条款比较有限，仅限于管制涉及国家机密的重要数据；在数据本地化方面，日本政府提出，与国家机密和安全有关的数据，应完全本地化保存，其他数据不受约束；在数据保护方面，日本采取了更为实际的方式，由多边及双边国际贸易协定谈判来进行协商。

日本一方面在推动《跨太平洋伙伴关系协定》、亚太经济合作组织实施的《跨境隐私规则体系》等数字贸易规则方面，致力于对接美国数字贸易政策要求的跨境数据自由流动；另一方面，日本也积极与欧盟主导的《通用数据保护条例》进行衔接。日本政府为调整其与欧盟在数据跨境流通和数据保护规定上存在的差距，采取了相应的配套措施，加强对敏感数据、涉及数据主权和从欧盟转移的数据进行保护。

日本政府于 2015 年实施《个人信息保护法》修正案，规定在获得数据主体的授权签名后，第三方可以实现合理的跨境数据传送。2017 年，日本政府设立了“白名单”的数字贸易规则，允许与列入“白名单”的国家进行无限制的跨境数据流通，但到现在为止“白名单”只包括欧盟各成员国。另外，日本政府成立了“个人信息保护委员会”。作为独立的第三方监督组织，其职责是制定关于跨境数据流通的指导方针和规章制度。

日本政府在世界范围内大力宣传“日式模板”数字贸易规则，以期在数字贸易领域取得主导地位。其特点是：第一，创新信息管理观念，提倡建立一种全新的国际数字监控系统。日本政府主张是，通过构建“基于信任的数据自由流动体系（DFFT）”“数据流通圈”等新型数据管理思想，提倡在保障个人隐私的前提下，构建共享、安全、互信的数据跨境自由流通，尤其是促进交通、医疗等领域的数据自由流动。第二，通过多边、双边自由贸易协定来推动“日式模板”数字贸易规则，包括 2019 年在 G20 大阪峰会上呼吁制定统一的数字税收征税条例，该条例提出了对数字技术企业在无营业地的销售进行纳税的规定；在其主导下的《全面与进步跨太平洋伙伴关系协定》（comprehensive and progressive agreement for trans-pacific partnership，简称 CPTPP）中，增加跨境数据自由流动、完善成员国个人数据的法律保障、加强互联网安全等方面的数字贸易理念。

（三）日本数字贸易政策特点分析

日本政府非常注重发展数字贸易和数字经济，其数字贸易政策具有如下特征：

第一，日本政府把发展数字贸易的重点放在了数字科技的革新上。为了进一步阐明日本在数字经济发展新阶段所采取的措施和方针，日本政府于 2001 年和 2009 年先后出台《e－Japan 战略》和《i－Japan 战略》，并在此基础上，进一步推进信息化教育，加大先进数字技术投入，培养更多的高层次的数字技术人才，同时也为完成电子政务、健康、医疗和教育等领域数字化转型做好准备。2012 年的《日本复兴战略》也提出，通过数字技术发展及产业融合，使日本经济重新焕发生机。日本政府从 2013 年开始，每年都会发布《科学技术创新战略》，作为对数字信息技术发展的指引。2018 年，日本经济产业省下发的《通商白皮书》提出“保障公平的贸易环境”“反对贸易保护主义”“保护消费者”等议题。2020 年，日本政府第一次建立了“数字厅”，显示了其对于数字贸易和数字经济的关注。

第二，日本政府持续不断推动与世界各国在数字贸易领域的合作与协商。日本没有美国那样的强大力量，也没有像欧盟那样的政治和经济优势。所以，日本政府在世界范围内，积极参加与各国的数字贸易磋商和协作，利用本国优势，将其数字贸易政策推向世界。

日本最先利用《跨太平洋伙伴关系协定》的力量争取到了数字贸易的主导地位。美国撤出《跨太平洋伙伴关系协定》谈判之后，日本借助其自身经济实力开始主导《全面与进步跨太平洋伙伴关系协定》谈判，并且与其他 11 个国家达成共识。该协定在原有的《跨太平洋伙伴关系协定》基础上，保持了对数字贸易的核心思想。与此同时，在欧盟倡导的“数据贸易圈”中，日本也在谋求加入。在日本和欧盟签署的《日本与欧洲经济伙伴关系协定》(Japan-EU Economic Partnership Agreement) 中，日欧双边在数字贸易方面作出了对等承诺，而日本也因此参与到了欧盟的“数据贸易圈”中，并在与“圈外”国家就数字贸易进行磋商时占据比较优势。此外，日本还在努力开展双边贸易协定下的数字贸易规则谈判。2019 年 10 月，日美正式签署贸易协定，双方围绕数字贸易领域达成了诸多协定，包括“无障碍的跨境数据交易”“电子交易产生、形成的数字制品不适用关税”“禁止要求企业公开计算机源代码”等议题。

第三，日本政府多次在数字贸易谈判等公开场合表明立场。日本在加入世贸组织后，在 WTO 框架下的数字贸易规则谈判时，就“数据跨境自由流动”“电子传输免关税”“非歧视性原则”“保护关键源代码”“在线消费者保护”“提高政策透明度”及“网络安全”等议题提出自己的立场。日本政府在 2019 年达沃斯世界经济论坛上，呼吁推动跨境数据的自由流动。在同年举行的 G20 大阪峰会上，呼吁制定一个统一的数字税收征税条例，推动建立以信任为基础的跨境数据自由流动体系，增强本国在全球数字贸易领域的影响力。

通过以上的数字贸易政策，日本正逐渐成为全球数字贸易规则制定的领导者。

四、数字贸易政策的国际比较

当前全球总需求下降，全球市场竞争加剧，贸易摩擦不断增加。同时，贸易保护主义持续升温，创新引领发展的趋势更加明显。美国、欧盟、日本等世界主要经济体都把数字经济看作是促进经济恢复和增长的重要支柱，并推出了一系列的促进数字贸易和数字经济发展的政策举措。

从美国、欧盟、日本等世界主要经济体的数字贸易政策以及所表现出来的政策特征来看，由于各国（经济体）数字经济发展战略不一，数字贸易的发展程度不同，各国（经济体）对数字贸易政策的利益诉求也不尽相同，这也导致了各国（经济体）之间对数字贸易的规则讨论出现分歧。

（1）美国。美国数字技术成熟度高，数字技术方面拥有巨大优势，使得美国数字贸易的发展更加注重对国外市场的开发。美国在数字贸易领域促进开放和自由发展，打破数字贸易壁垒，加强互联网信任与安全性，进行革新与技术进步是其核心诉求。所以，美国的数字贸易政策具有较强的开放性，更侧重于跨境数据的自由流通、非歧视性原则、保护数字安全、禁止数据本地化要求、扩大数字市场准入等方面，主张消除数字贸易壁垒。

（2）欧盟。由于有像美国这样的数字经济强国竞争，以及其各成员国之间的数字管制影响，欧盟一直在努力建立一个单一的数字市场。其单一的数字市场战略要求：打破法律和行政障碍，使数字产品和信息服务能够得到有效的流通，强化网络平台管理，改善电信及视听影像市场，促进信息与通信技术的发展，加大对数字产业的投入，为个体及公司提供优质的数据产品与服务。尽管美国是欧盟最大的数字贸易伙伴，但双方在“跨境数据和信息的自由流动”“消费者隐私权保护”“网络安全”等问题上仍然有较大的分歧。

（3）日本。日本在数字贸易政策中始终把数字科技的革新与数字基础设施建设视为重点。《i-Japan 战略》旨在推动数字贸易发展，推动产业升级，强化数字基础设施建设，助推卫生、教育、人才等领域的数字化转型，以及打破数据流通壁垒，建立一个安全的数字化社会。尽管日本在数字贸易和信息通信技术方面的成熟程度低于美国，但两国在数字贸易政策方面有许多类似之处。日本积极利用区域、多边和双边框架下的贸易协定来推动自身的数字贸易政策主张。例如，日美正式签署的《美日数字贸易协定》，提出以建立一个数据自由流通的开放环境为切入点，双方围绕数字贸易领域达成诸多共识，反映了日本和美国在数字贸易政策方面的许多共性。

（4）中国。尽管中国已是世界上数字经济颇具影响力的大国，但是在数字贸易方面的发展还处在起步阶段。中国的“互联网＋”和国家大数据战略等都要求从生产要素优化、业务体系更新、商业模式重构等方面实现经济转型与提升；推动移动互联网、大数据、云计算、物联网等技术与现代制造技术相融合，促进数字贸易发展。与美国、欧盟、日本等世界主要经济体相比，如“跨境数据流动”“数据本地化”以及“歧视性待遇”等问题，中国的立场仍然比较谨慎。与美国、欧盟、日本等世界主要经济体在核心数字贸易政策上意见不一，导致中国与这些经济体的数字贸易政策上存在分歧。

第三节　中国推进数字贸易政策发展的前进方向

随着数字贸易在世界范围内的迅速发展，其对世界各国的经济发展也产生了越来越大的影响。数字贸易和数字经济成为经济转型、提升效率的新引擎，以及推动经济发展的新杠杆。本节通过对全球主要国家（经济体）的数字贸易政策的发展趋势进行研究，结合中国数字贸易的发展现状及政策特点，提出中国数字贸易政策的发展趋势和未来前进方向。

一、全球主要国家（经济体）数字贸易政策的发展趋势

近几年，世界各个数字经济大国（经济体）均在主动参与数字贸易国际规则的构建，同时也纷纷将其列入本国（经济体）的发展战略，并制定了相关的政策措施，以支持和推动数字贸易的发展。这使得世界主要经济体的数字贸易政策呈现出明显的倾向性。

（一）各国（经济体）数字贸易政策聚焦全球数字贸易新秩序的构建

数字贸易对传统贸易模式已经产生了显著的影响。因此，建立一个完整的全球数字贸易规则，既是每个国家（经济体）都关注的焦点问题，也是促进数字贸易发展的根本保证。但截至目前，世界各国（经济体）尚未就数字贸易规则达成一致，这些规则的缺失，将导致数字贸易壁垒的形成，也成为制约全球数字贸易快速发展的瓶颈。对于发达经济体而言，数

字贸易壁垒不仅会减少其数字产业的利润，而且会降低其在世界数字贸易中的竞争力。所以，近年作为数字贸易发展较强的美、欧、日等发达经济体，已经从政策上着手，试图重新构建国际数字贸易新秩序，努力形成一套适合本国（经济体）的新制度，以便在未来的数字贸易中赢得更多的发言权和更大的市场份额。

（二）各国（经济体）数字贸易政策关注区域和双边层级协定

在“跨境数据自由流通”“个人隐私保护”“网络审查”“知识产权保护”等数字贸易引发的新领域和新议题方面，WTO框架下的多边贸易谈判进程一直很慢，几乎停滞。相比之下，区域和双边层级的数字贸易协定为数字贸易规则的协商打开了新的途径，尤其是像美欧等数字贸易发达经济体，它们试图借助这些协定，建立新的贸易和投资规则，以此来构建新平台，进而谋取在国际数字贸易领域的主导地位，从而巩固其在数字贸易领域的优势。基于这一现实利益的考虑，在全球数字贸易规则谈判中，双边和多边贸易协定将会成为一个非常关键的领域。

二、中国数字贸易政策的发展趋势

中国数字贸易发展潜能巨大，展望未来全球数字贸易的发展，中国数字贸易政策的发展趋势将主要体现在完善数字贸易政策体系、加强中欧数字贸易战略协作、构建符合中国数字经济发展的治理体系三个方面。

（一）完善数字贸易政策体系，构建数字贸易发展的制度基础

随着数字贸易的发展，交易对象、交易形态和支付方式都产生了深刻的变革，同时传统的贸易规则也遇到了新的挑战，并逐渐在新的数字贸易中形成了新的阻碍，甚至在各经济体间造成了新的矛盾。在数字贸易领域，数据已成为最主要的生产资料。数据的安全流通，也就是数据安全，是数字贸易发展中的一个关键问题。在此基础上，以数据安全流动为准则的知识与信息产品流通也成为数字贸易的重要组成部分。所以，中国的数字贸易要想得到高水平的发展，就需要尽快制定相应的技术规范和政策框

架，并尽快建立和完善以知识和信息为交易主体的知识产权制度。

从国际市场的角度来看，在数字贸易方兴未艾的背景下，发达经济体、发展中经济体和新兴经济体在数字贸易发展道路上存在着各自的需求，因此其在数字贸易规则谈判中，也存在着较大的立场差异。例如，美国通过主导的《跨太平洋伙伴关系协定》和其后续协定，囊括了中国之外的亚太地区各大主要经济体，并力图占据数字贸易政策和规则制定的领导地位。中国数字贸易想要有广阔的发展前景，就需要密切注意数字贸易发展所面临的壁垒和问题；需要组织有关专家学者，深入研究数字贸易的现有规则，积极参与双边、多边、WTO等框架下数字贸易规则的研究和制定。只有这样才能在数字贸易发展的进程中，获得更大的参与机会和主动权，进而实现主动输出符合自身利益的相关数字贸易规则。

从国内市场角度看，中国要紧紧把握数字贸易的发展机遇，并结合自身发展情况，及时有效地调整国内监管措施、治理手段和发展策略，为数字贸易发展奠定坚实的政策基础。其主要包括：第一，综合运用财政和金融举措，为数字贸易发展提供融资渠道；第二，强化政府部门职责意识，加速制定有关数字贸易和数据安全方面的法规，并将其作为重要的监管对象；第三，加大对数字贸易人才的培养投入，为实现高品质的数字贸易发展，增加人员支持。

（二）利用美、欧在数字治理上的分歧，加强中欧的战略协作

当前，由于国内对跨境数据流动和个人隐私保护还处在起步阶段，对数据的分级和分类要求还有待进一步提高，对关键数据的甄别也缺少一个具体、权威的参照，所以很难与美、欧等发达经济体构建的现行国际数字贸易规则衔接。但是我们也应该看到，一方面，美欧在数字治理方面存在较大分歧；另一方面，中欧均主张在数据安全的理念下促进跨境数据流动。根据这一现实情况，中国可以参照欧盟《通用数据保护条例》的成功实践，制定明确、高效的数据分级、分类方法，参照国际通行的数据流动规则，对普通和非个人隐私信息进行分类管理，对敏感数据实行专门管

制，并设立数据安全性评价体系，为获得欧盟的“充分性认定”提供基础；并在此基础上，为中欧两大经济体提供更多订制化、差异化跨境数据监管措施。

（三）推进政策和制度创新，构建符合中国数字经济发展的治理体系

在数字产业规模上，中国位于世界前列。中国和日韩均有促进数字贸易出海发展的需求，并且三国现行的数据管理制度存在共通之处。为此，应着重研究日韩的数字贸易发展趋势，并借鉴日韩在促进数字贸易发展和保护数据安全两方面的平衡举措，制定符合中国数字贸易发展规律的政策制度，并以服务中国数字经济发展为出发点和落脚点，全面融入世界数字治理体系之中。与此同时，在内部治理、政策和制度制定过程中，要合理地均衡中国数字贸易发展现状、比较优势和核心技术等多个方面的因素，构建一个多元协同治理的数字经济发展治理体系。

第六章

数字贸易的国际规则

近年，国际贸易旧体系、规则和经济形态正在动摇和演变，而以数字贸易等新业态、新模式为代表的国际贸易体系和规则正在形成新的发展助推力的同时，也使得各大经济体之间的数字贸易国际规则的博弈和制定权争夺日益激烈。

第一节　贸易协定下的数字贸易规则

虽然全球各大经济体都正在努力制定一个统一的数字贸易规则，但是在短期内，各个国家的核心利益和需求难以达成一致，这时小范围的多边贸易协定将起到关键的作用。从长远来看，世界范围内的数字贸易同盟化正加快形成。本节将从 WTO 框架下、区域自由贸易协定框架下和双边自由贸易协定框架下的数字贸易规则入手，对贸易协定下的数字贸易规则进行介绍、归纳和比较分析，对中国在贸易协定中数字贸易规则的应对措施提供借鉴。

一、WTO 框架下的数字贸易规则

当前，WTO 已经为世界范围内的数字贸易制定了一个基本的规则框架，其发起的关于电子商务联合声明，已经有 76 个国家签署加入。但由

于地缘政治、国家安全、产业发展水平等诸多因素的制约，各国在数字税、隐私权、数据流动等问题上存在着不可调和的矛盾，转而在消费者保护、电子签名、无纸化等非核心问题上寻求一致。

（一）全球数字贸易治理体系演进趋势

在全球数字贸易日益发展壮大的同时，有关数字贸易的相关规则也日益丰富与健全。目前，国家与国家之间很多贸易协定都将数字贸易条款纳入其中。区域贸易协定中，有关数字贸易规则越来越多。截至 2021 年 4 月，包含数字贸易章节的区域贸易协定已经达到 109 个，涵盖了 2/3 的世贸组织成员方。

数字贸易领域的广度也在持续扩大。近几年，在区域及多边贸易协定谈判中，除无纸化交易、电子签名、消费者保护等普通条款之外，跨境数据自由流动、数据本地化及公开源代码等与数据相关的议题日渐增多，并逐步延伸到入境后措施等领域，如个人隐私保护、政务数据公开、国内监管框架等。总的来说，贸易协定下数字贸易规则的目标是减少国家与国家之间数字贸易障碍，为数字贸易创造一个有利的环境，从而推动世界数字贸易发展。

在这样的大环境下，由美国、欧盟等经济体发起的多边贸易协定对于促进地区间数字贸易发展具有重大意义。美欧等发达经济体依靠自身成熟的数字贸易政策法规，借助区域或多边贸易协定，逐步建立起一个以本国为中心的数字贸易协定网络，加快了全球数字贸易同盟化的进程。与此同时，美、欧及其贸易协定成员国的数字服务占世界 80%的市场份额，其他发展中经济体在发展空间和规则融合方面处于被动地位。如果没有加入这些贸易协定体系中，这些国家可能会失去在新一轮的全球经济竞争中的优势地位。

（二）WTO 框架下数字贸易规则的主要内容

自 2010 年起，WTO 主要成员就数字贸易和电子商务等相关问题提交了一批提案。2013 年 WTO 部长级会议批准了对数字贸易相关问题的调查，特别是对《服务贸易总协定》（general agreement on trade in services，简称 GATS）、《与贸易有关的知识产权协定》（agreement on trade-related aspects of intellectual property rights，简称 TRIPs）、《技术性贸易壁垒协议》（agreement on technical barriers to trade，简称 TBT）等现行协议进行了修订或说明。虽然世贸组织成员方尚未就数字贸易达成全面协议，但是 WTO 的部分协定已经包含了若干重要的数字贸易要素。例如，WTO 成员在 2017 年世贸组织第十一届部长级会议上同意了关于延长电子商务关税禁令；2019 年中国等 76 个世贸组织成员签署《关于电子商务的联合声明》，肯定了数字贸易的重要意义，并重申了其为促进数字贸易发展所带来的机遇。

WTO 的数字贸易谈判是以电子商务谈判形式进行的。自从世贸组织首届部长级会议在讨论中加入了关于电子商务问题后，已经出现了一批包含延长电子商务关税禁令在内的谈判成果，其中包括 2001 年的《多哈宣言》、2005 年的《香港宣言》、2015 年的《内罗毕宣言》等，都对电子商务关税禁令进行延长。这项针对电子商务关税禁令声明显示，对于那些不征税的商品，在网上贸易时也不征税，并且对于电子传输本身而言也不征收关税。

（三）WTO 电子商务规则的主要问题

WTO 中关于电子商务的规定中，关于信息的内容，即数字产品，应不应该征税的问题，WTO 的组织成员之间仍然没有清晰的共识。所以，尽管对数字产品实行了对电子传送的免税政策，但还没有真正涉及数字贸易的核心，即对服务贸易产生影响的歧视性规定。对电子商务来说，最大的障碍不在于征收的关税，而在于对提供商和服务者实行同样的市场准入和国家待遇。基于此，WTO 的电子商务规则仍然有许多尚未解决的问题，这些问题包括如下：

第一，电子商务如何定性。电子化传送的数字产品是商品还是服务，数字产品在被确认为货物时，应按《关税贸易总协定》执行；若被视为一项服务，就应采用《服务贸易总协定》。不同协定对数字贸易的处理方式不尽相同，其开放范围也有明显的差别。

第二，新型数字贸易如何归类。自《服务贸易总协定》实施以来，各种新兴的数字贸易服务，如搜索引擎、社交媒体、云计算等层出不穷，《产品总分类》也进行了三次修订，但 WTO 服务部门分类清单在 1991 年编制，并没有对电子商务进行单独的界定，而将与之关联的服务划分到计算机服务、通信服务等其他服务类型中去，这就给新兴的数字贸易业务分类带来了很多困难。

第三，跨境数字贸易中的服务模式问题。《服务贸易总协定》对境外消费的界定中，没有规定消费者是否需要进行跨国流动，目前尚不能很好地界定出数字贸易为跨境交易还是境外消费。若 WTO 组织成员对同一类型服务的跨境交易还是境外使用作出的承诺不相同，那么其在识别跨境数字贸易中的服务模式上的差异将会对交易双方的法律待遇水平产生直接的影响。

第四，未就电子传送达成明确且永久的免税协议。当前的电子商务关税禁令延长声明是针对暂时性免税，以声明方式代替非正式协定，没有持久和明确免税。同时，如果在电子传送下数字产品可以免税，但以实体形式跨境交易时要征税，这明显违反了技术中立原则。

第五，使用电子形式服务的待遇问题。WTO 组织成员对于跨国提供的特定承诺能否对以电子形式的服务同样生效？怎样确认电子和非电子方式的服务之间的相似之处？这意味着，以电子形式和以常规形式提供的服务能否被视为“相似服务”将直接影响到该服务是否有资格享受国民待遇和最惠国待遇。

WTO 的电子商务谈判未能顺利进行，其原因十分复杂。造成这种局面的根源有两个。

第一，电子商务给 WTO 框架带来了冲击。作为一种新的贸易方式，使货物与服务的界限变得模糊不清，因此，究竟应该按照《关税贸易总协定》还是《服务贸易总协定》执行，有很大的争论。在服务贸易范畴中，对于应该将其分为哪种类型的业务也有很大争议。以上争论涉及制定数字贸易规则的基本问题，因而 WTO 电子商务谈判从一开始就遭遇了诸多障碍，更不用说涉及实际问题了。

第二，世贸组织成员的态度十分对立。美国一直呼吁 WTO 电子商务谈判采用《关税贸易总协定》，提倡实行数字贸易自由化，提倡电子商务免征关税。欧盟则反对数字贸易自由化，认为电子商务应该适用于《服务贸易总协定》，可以不做任何保证，因此将其从贸易自由化的范畴中剔除。与此同时，欧盟将其与视听业务相结合，并在此基础上引入“文化例外”的概念。

WTO 针对电子商务进行了大量的探讨，但是由于上述观点的差异无法解决，致使 WTO 电子商务谈判无法达成任何实质性的突破。

当前，WTO 电子商务谈判已经很难满足高速发展的世界范围内的数字贸易的要求。由于数字贸易在世界贸易中所占的比重越来越大，对商品与劳务的替代性也在日益增强，并且将会对世界贸易整体利益分配产生深远的影响。对数字交易规则的制定权之争，将会对其在数字贸易中的收益分配产生重大影响。这让很多 WTO 组织成员集中精力制定有利于本国的特惠贸易协定条款，而美国是其中最大的受益者。美国领导下的双边贸易协定没有把电子商务列入货物贸易和服务贸易章节，而是创新性地以专门章节对电子商务作出规定，并且把数字贸易规则列入了电子商务章节中；并逐步对数字贸易的定义、非歧视待遇、无纸化交易、消费者保护、关税、跨境数据流通等方面的规则进行规范和健全。

二、区域自由贸易协定框架下的数字贸易规则

在世界范围内，数字贸易迅速发展，跨境数据流动也出现了爆发式增长，制定国际数字贸易规则显得尤为迫切，也越来越受到各国的关注。在 WTO 以外的新国际贸易规则体系中，《全面与进步跨太平洋伙伴关系协

定》《跨大西洋贸易与投资伙伴关系协定》(transatlantic trade and investment partnership，简称 TTIP)、《国际服务贸易协定》(trade in service agreement，简称 TISA)、《区域全面经济伙伴关系协定》(regional comprehensive economic partnership，简称 RCEP) 四个跨区域自由贸易协定围绕着数字贸易进行了非常激烈的讨论。与双边贸易协定及特定区域内贸易协定比较，跨区域、超大型的贸易协定更适合于全球化发展，数字贸易也在其中扮演着重要角色。所以，《全面与进步跨太平洋伙伴关系协定》《跨大西洋贸易与投资伙伴关系协定》《国际服务贸易协定》《区域全面经济伙伴关系协定》等超大型自由贸易协定中的数字贸易规则条款将会是世界范围内的新一轮数字贸易规则的代表。

虽然《全面与进步跨太平洋伙伴关系协定》很难得到美国的认可，但其电子商务章节中有关跨境数据流动、数据本地化、源代码等条款也将会对今后的数字贸易规则制定产生长期影响。《跨大西洋贸易与投资伙伴关系协定》《国际服务贸易协定》《区域全面经济伙伴关系协定》在为建立更全面、更深入的数字贸易规则而努力。美欧在数据本地化、跨境信息自由流通等方面存在较大争议，要建设更高层次的数字贸易协定，必然会有更多的竞争与博弈。《区域全面经济伙伴关系协定》中的数字贸易章也是以《全面与进步跨太平洋伙伴关系协定》为基础，并加入了“网络安全合作”以及“电子商务对话”等新议题，为区域自由贸易协定框架下的数字贸易规则提供了新的可能。

(一)《全面与进步跨太平洋伙伴关系协定》中的数字贸易规则

《全面与进步跨太平洋伙伴关系协定》是由亚太地区各国参与的自由贸易协定，也是美国退出《跨太平洋伙伴关系协定》后该协定的新名称，其强调自由原则。尽管美国已经从《跨太平洋伙伴关系协定》的架构中撤出，但是《全面与进步跨太平洋伙伴关系协定》所提出的减少跨境数据流通障碍以及提倡数字贸易自由化的主张，仍是沿袭美国一直奉行的数字贸易政策，并且有很大可能会对未来的国际数字贸易规则制定造成深刻的影响。其内容主要包括坚持互联网的自由和开放；对数字产品实行免征关税；保证不增加更多的保护性措施，如不得把缔约方的数字产品置于一个不利竞争的位置，不得设置对跨境数据自由流通的保护性障碍，不得强迫企业在计算服务方面采用本地化战略，也不得强制性要求企业把技术、源代码等转让给本国组织或个人。

《全面与进步跨太平洋伙伴关系协定》第14章为电子商务专章，共有18个条款，致力于减少数字贸易壁垒、保护网络消费者权益、促进数字贸易便利化以及促进国际合作，从而推动电子商务与数字贸易，其最终目的是推动缔约国经济发展。《全面与进步跨太平洋伙伴关系协定》则明确规定，不得对包括以电子方式传输的内容征收关税，要求给予数字产品非歧视性待遇，尽可能保障跨境数据自由流动，允许网络自由接入并禁止强制共享源代码等，其策略是想要更多惠及大企业。

（二）《跨大西洋贸易与投资伙伴关系协定》中的数字贸易规则

《跨大西洋贸易与投资伙伴关系协定》，作为美国和欧盟之间的自由贸易协定，在数字贸易与电子商务方面主要是为了在跨越大西洋地区的数字交易中建立一个具有约束性的框架，这将对国际数字贸易规则的制定产生重要影响。

欧盟关于数字贸易领域的重点是“公平”。欧盟2015年发布《单一数字市场战略》，目的在于打破欧盟各成员国之间的数字贸易壁垒，促进数据的流通，为个体及企业提供优质的数据产品与服务。欧盟发布的《通用数据保护条例》于2018年5月在所有欧盟各成员国正式实施。该条例被视为“全球历史上对个人数据最严格保护的法规”。该条例规定了以欧洲法律为基础的个人数据保护的基本原理和管理方法。作为一个非常严密的隐私和数据保护框架，该条例规定了在欧盟内部个人数据的自由流通，为数据处理提供了法律基础，为数据保存、存储限制等方面建立了统一的规范。

美国和欧盟采取了完全不同的规章制度来保护数据跨境流动和数据隐

私。美国国会于2014年批准的《2014年国会两党贸易优先法案》规定，各国贸易代表必须保证该国政府能够同意跨境数据流动，不能要求数据本地化，也不能设立与数字贸易相关的壁垒。欧盟也清楚地表明，所有协议都不能对个人数据传播和处理过程中的隐私保护以及对个人记录和账户的隐私保护产生影响，这符合《服务贸易总协定》的有关条款。

（三）《国际服务贸易协定》中的数字贸易规则

《国际服务贸易协定》的出台，是为了建立跨境数据转移、数字贸易、计算机相关服务等的新监管法规，并为“电子渠道”服务贸易制定合适的条款，以指导发展跨境数据转移与数字贸易。

《国际服务贸易协定》反映了以下几个数字贸易规则新的发展方向：第一，协议范围广泛、综合性强，没有事先将某一行业排斥在外，包括数字贸易、移动通信、互联网等各种服务行业；第二，增加《服务贸易总协定》的附加规定，计划将《服务贸易总协定》中有选择的优惠承诺变成具有普遍性的承诺，使新兴的服务业部门直接进入优惠范畴；第三，设立包括跨境数据传输、数字贸易、计算机相关服务、运输和快递等一批新兴行业的监管法规，特别是使用互联网的服务行业的发展动向，着重于制定有关条款，以支持使用“电子渠道”开展服务贸易。

类似于《全面与进步跨太平洋伙伴关系协定》，《国际服务贸易协定》中关于数字贸易的章节和附录，包括关于跨境数据流通、消费者隐私保护、互联网自由访问和使用等问题。但是，《国际服务贸易协定》谈判也遭遇了阻碍，即欧盟不同意跨境数据自由流动的提案，也不愿意保证《国际服务贸易协定》的非歧视义务包含数字贸易等新兴服务部门。

（四）《区域全面经济伙伴关系协定》中的数字贸易规则

《区域全面经济伙伴关系协定》是由中国与东盟共同努力促成，已于2022年1月1日正式实施。《区域全面经济伙伴关系协定》涵盖了中国、日本、韩国、澳大利亚、新西兰和东盟十国，已成为世界上最大的自由贸易区。截至2022年3月，除印度尼西亚、菲律宾、缅甸外，包括中国、日本、韩国、马来西亚和澳大利亚在内的 12 国都已批准该协议。根据数据显示，在 2019 年，中国对《区域全面经济伙伴关系协定》成员国的出口额为 7 007 亿美元，占当年出口总额的 27%；从《区域全面经济伙伴关系协定》成员国的进口额为 7 779 亿美元，占当年进口总额的 37.8%。随着《区域全面经济伙伴关系协定》的实施，《区域全面经济伙伴关系协定》成员国之间的地区经济合作将会被有效整合，将会极大地改善参与国的企业经营状况，从而形成一个统一的大型的内部市场。《区域全面经济伙伴关系协定》不但可以有效地减少地区间的贸易与投资机制交易费用，促进地区甚至全球的发展，而且可以作为构建新发展模式的一个重要平台，进一步促进中国实现在规则、管理、标准等领域的制度型开放。

由于许多《区域全面经济伙伴关系协定》的成员国也是《全面与进步跨太平洋伙伴关系协定》成员国，《区域全面经济伙伴关系协定》中关于数字贸易的章节也是建立在《全面与进步跨太平洋伙伴关系协定》的基础上，并加入了非应邀商业电子信息、网络安全合作以及电子商务对话等新议题。与《全面与进步跨太平洋伙伴关系协定》不同的是，除了上述贸易便利化和个人信息保护的规定之外，《区域全面经济伙伴关系协定》中关于数字贸易的章节还给予成员国必要的回旋余地，以便在特定条件下限制数字贸易和数据流动。例如，《区域全面经济伙伴关系协定》规定了跨境信息传输及计算设施的位置，并在充分尊重缔约国公共政策目标、基本安全利益和各国数字贸易发展的不同阶段的基础上，设置了适用例外条款。这也是《区域全面经济伙伴关系协定》与《跨太平洋伙伴关系协定》《全面与进步跨太平洋伙伴关系协定》和《美国—墨西哥—加拿大协定》在数字贸易方面的最显著差异。此外，《区域全面经济伙伴关系协定》不包含关于源代码的条款，表明成员国可以将披露或转让源代码作为其市场准入条件。

三、双边自由贸易协定框架下的数字贸易规则

截至2021年8月12日，中国共签署了21个自由贸易协定，包括9项关于数字贸易的自由贸易协定，其中签署于2008年的《中国—新西兰自由贸易协定》是中国与发达国家签署的第一个自由贸易协定，该协定的附件包括了降低电子及电子器件贸易的技术障碍条款。自2015年以来，中国已相继将数字贸易条款纳入自由贸易协定中。在2015年，中国与韩国、澳大利亚等发达国家的自由贸易协定中最先包括了关于数字贸易的章节，之后的数字贸易条款也多数采用“章”的形式出现。随后，中国又与智利、新加坡、毛里求斯、柬埔寨以及新西兰签署了自由贸易协定或对自由贸易协定进行升级。

中国之所以在自由贸易协定中高度关注数字贸易并设专章，原因如下：首先，中国希望在当前的数字贸易国际立法中扮演更为重要的角色，以便提高中国国际服务贸易协定的边缘地位；其次，当前中国电子商务企业在国外迅速发展，促使中国在自由贸易协定上采取应对措施，将数字贸易纳入其中；最后，自由贸易协定中的有关数字贸易的章节将帮助中国和其缔约国在货物、服务等领域之外构建一个独立的数字贸易规则体系。

四、全球主要区域数字贸易协定比较

目前，世界各大区域数字贸易协定的核心内容都包括市场准入、数据跨境流动与存储、数字贸易便利化环境、数字知识产权等内容，但是在条款内容、限制范围等方面存在差别。

总的说来，美国签署的区域数字贸易协定对跨境数据自由流通方面有着最严格的规定条款；欧盟签署的区域数字贸易协定中关于数字贸易规则所涵盖的范围较小；东盟签署的《区域全面经济伙伴关系协定》则完全尊重各缔约方的自主权利，但开放程度较低。七国集团（G7）在2021年10月的贸易部长会议就跨境数据使用和数字贸易原则上达成一致。欧盟各成员国对数据进行严密的保护，而美国则采用更为开放的制度，并通过达成

贸易协定来缩短双方的差距，表明欧美之间的态度正在逐步趋同。表 6－1 比较了全球主要区域数字贸易协定的核心条款。

表 6－1　区域数字贸易协定核心条款比较

<table>
<tr><td colspan="2">区域贸易协定名称</td><td>《美国—墨西哥—加拿大协定》</td><td>《美日数字贸易协定》</td><td>《全面与进步跨太平洋伙伴关系协定》</td><td>《数字经济伙伴关系协定》</td><td>《区域全面经济伙伴关系协定》</td><td>《欧盟—日本经济伙伴关系协定》</td></tr>
<tr><td colspan="2">简称</td><td>USMCA</td><td>UJDTA</td><td>CPTPP</td><td>DEPA</td><td>RCEP</td><td>EUJEPA</td></tr>
<tr><td rowspan="2">市场准入</td><td>关税</td><td colspan="4">禁止对电子传输（包含电子传输内容）征收关税，但各缔约国可以在本国征税</td><td>保持目前对数字产品免税的现有惯例，但不阻止对电子传输征税</td><td>禁止对电子传输征收关税</td></tr>
<tr><td>非歧视待遇</td><td colspan="4">要求给予其他缔约方的数字产品和服务非歧视待遇</td><td>无</td><td>无</td></tr>
<tr><td rowspan="4">跨境数据流动与存储</td><td rowspan="2">跨境数据流动</td><td colspan="4">要求允许跨境数据自由流动</td><td>不得阻止跨境数据流动</td><td rowspan="2">允许数据自由流动</td></tr>
<tr><td colspan="2">删除监管例外规定</td><td colspan="2">缔约方可设有各自的管制规定</td><td>有国家安全方面的限制</td></tr>
<tr><td rowspan="2">数据本地化</td><td colspan="5">禁止将数据本地化存储作为开展业务的条件</td><td rowspan="2">无</td></tr>
<tr><td colspan="2">删除监管例外规定</td><td colspan="2">缔约方可设有各自的管制规定</td><td>有国家安全方面的限制</td></tr>
<tr><td rowspan="4">数字贸易便利化环境</td><td>国内电子交易框架</td><td colspan="5">要求建立符合《1996 年电子商务示范法》或《2005 年电子通信公约》原则的电子交易法律框架</td><td>无</td></tr>
<tr><td>电子签名和认证</td><td>有</td><td>有</td><td>有</td><td>无</td><td>有</td><td>有</td></tr>
<tr><td>无纸化交易</td><td>有</td><td>无</td><td>有</td><td>有</td><td>有</td><td>有</td></tr>
<tr><td>数字身份、电子发票、电子支付</td><td>无</td><td>无</td><td>无</td><td>有</td><td>无</td><td>无</td></tr>
<tr><td rowspan="2">数字知识产权</td><td rowspan="2">源代码</td><td colspan="3">禁止将开放源代码作为进口该软件的条件</td><td rowspan="2">无</td><td rowspan="2">无</td><td rowspan="2">禁止要求开放源代码</td></tr>
<tr><td colspan="2">适用于关键基础设施软件，并引入“密钥保护”条款</td><td>不适用于关键基础设施软件</td></tr>
</table>

第二节 各模式下的数字贸易规则

鉴于中国近几年以电商平台为基础的跨境电子商务迅速发展，有必要对“欧式模板”“美式模板”等典型数字贸易规则给予足够的重视，从而帮助中国在搭建国际数字贸易规则的磋商过程中作出准确、客观的决策。同时，随着亚洲经济活力的日益增强，以中日韩为主导的“东亚模板”也可为中国的数字贸易谈判、决策与制定过程提供有益的借鉴。

一、“美式模板”数字贸易规则

进入21世纪，“数字贸易”成为世界经济与社会发展中的一个重要话题。由于数字贸易和数字技术的多维性、流动性和全球化特点，其在规则制定和实施过程中面临着许多难题。作为数字贸易强国，美国3.4%～4.8%的GDP贡献与数据流动有着密切的关系，而且数据流动为美国提供了约240万份全职工作。所以，美国一直试图建立一个符合自身利益的国际数字贸易规则。

在WTO框架下的数字贸易规则谈判过程中，关于跨境数据流动在内的一系列问题却很难达成共识，这导致了多边谈判的僵局。为了促进数字产业价值输出和发展，美国致力于开展和主导包含《跨太平洋伙伴关系协定》《跨大西洋贸易与投资伙伴关系协定》《国际服务贸易协定》和《美国—墨西哥—加拿大协定》在内的双边和多边谈判，旨在输出新的有利于美国数字贸易发展的国际数字贸易规则，并将这些新规则推广到世界各地，以维护美国的利益。在与日本、澳大利亚和新西兰等国家签署的自由贸易协定中，美式数字贸易规则的某些经典条款已经渗入其中。

（一）“美式模板”数字贸易规则的演变过程及主要特征

自2000年以来，美国一直以其主导的自由贸易协定为基础，向世界输出“美式模板”的数字贸易规则。从演变过程看，“美式模板”数字贸易规则大致经过了三个阶段：

第一个阶段（2000—2007 年）。自 2000 年《美国—约旦自由贸易协定》签订后，美国已经将数字贸易条款纳入 12 个自由贸易协定。例如，其与新加坡、智利、澳大利亚、摩洛哥等国签订的自由贸易协定。但是，在促进数字贸易自由化和相关规则的协调上，上述自由贸易协定的效果并不显著，仅在电子传输免关税、无纸化贸易、电子认证和电子签署等领域有所推进。尽管美韩签署的《美国—韩国自由贸易协定》提议“跨境数据自由流动”，可代表“美式模板”1.0 版本，但该条款对两国没有任何法律上的约束力。

第二个阶段（2008—2015 年）。其间，美国参加了《跨太平洋伙伴关系协定》《跨大西洋贸易与投资伙伴关系协定》和《国际服务贸易协定》的会谈。虽然《跨大西洋贸易与投资伙伴关系协定》和《国际服务贸易协定》的对话被中断，甚至最终放弃参与《跨太平洋伙伴关系协定》，但美国对数字贸易规则的新提议在《全面与进步跨太平洋伙伴关系协定》中得到了体现。与第一阶段相比，《全面与进步跨太平洋伙伴关系协定》特别设置了电子商务章节，并且引入了更加宽泛和更加严格的数字贸易条款，内容涉及如“跨境数据自由流动”“数据存储非强制本地化”“源代码保护”等。《全面与进步跨太平洋伙伴关系协定》是“美式模板”2.0 版本数字贸易规则的典范。

第三个阶段（2016—2021 年）。美国先后签署了《美国—墨西哥—加拿大协定》（2018 年）和《美日数字贸易协定》（2019 年）。因为美国、加拿大、墨西哥、日本都参与了《跨太平洋伙伴关系协定》的谈判，因此，《美国—墨西哥—加拿大协定》和《美日数字贸易协定》的会谈是在《跨太平洋伙伴关系协定》的基础上开展的。上述两个协议均对《跨太平洋伙伴关系协定》中已有的数字贸易规则进行了更新（如“跨境数据自由流动”“数据储存非强制本地化”等），还增加了《跨太平洋伙伴关系协定》没有涵盖的新内容，如“政府数据公开”“非知识产权领域的网络中介责任豁免”“数码服务税非歧视性征税”等。《美国—墨西哥—加拿大协定》在数字贸易规则上要超过《跨太平洋伙伴关系协定》，它还特别设置了一个数字贸易章，可作为是“美式模板”2.5版本数字贸易规则的代表。

美国除了推动“美式模板”数字贸易规则自身持续演变外，也在不断扩展其应用范围。2000年《美国—约旦自由贸易协定》是第一个在形式上包含有关电子商务章节的自由贸易协定，尽管其并不具备约束力；2003年《美国—新加坡自由贸易协定》是第一个含有具有法律约束力的电子商务章节的自由贸易协定；再到2015年完整的有关数字贸易章节出现在美国主导的《跨太平洋伙伴关系协定》中，数字贸易规则正起到越来越重要的作用。在具体条款方面，除了“数字贸易章”外，有关数字贸易的规则条款已经渗透到“国际贸易章”“投资章”“信息技术合作章”“知识产权章”等章节。

“美式模板”作为一种具有代表性的数字贸易规则，其主要特征包括如下：

1. 对数字贸易的基本问题提出一种解决模板

虽然WTO在制定数字贸易规则方面开展了许多有远见的工作，但未能将这些理念付诸实践。针对数字技术给传统贸易规则带来的问题和数字技术中面临的新挑战，美国在区域贸易协定中提出了一套新的解决办法，并以此作为“美式模板”的基本模板，其具体表现如下：①明确界定“数字产品”“电子传输”“身份认证”等数字贸易术语；②阐明贸易规则对数字服务的适用准则，并提出了采用电子方式开展的服务贸易必须符合有关的跨境服务贸易规则；③制定清晰的数字传输免关税期限或永久免税条款；④要求为数字产品提供国民待遇或最惠国待遇等非歧视待遇。

2. 发布更有约束力和普遍性的信息通信领域联合声明

在美国主导的双边贸易协定中，主动推进与缔约方在数字贸易有关领域的合作，尤其是包括通信服务、计算机服务和信息服务在内的信息通信领域，主要表现为：通过加入“长途通信政策”“信息通信技术研究和标准”“互操作性事项”“私人信息保护和跨境信息自由移动的平衡”“知识产权”等规则，强化合作关系。

3. 引入机制创新

由于数字贸易主要是以数字服务贸易为主，因此美国在其主导的地区贸易协定中，将制度上的创新要素纳入“跨境服务贸易章”中，希望促进数字服务贸易的自由化，进而提高其透明性和可预测性。机制创新要素包括：采用“否定列表”的承诺方式、剔除烦琐的“当地存在”要求，减少或限制最惠国待遇的豁免范围、贸易和投资规则的分立框架等。

4. 制定专门的数字贸易规则

由于不完整或不兼容的国内规则会阻碍全球数字贸易的发展与扩张，所以美国提倡出台专门的数字贸易规则。“透明度义务”“电子认证和电子签名”以及“无纸化贸易”等内容是“美式模板”中早期数字贸易规则的典型代表。这些早期的数字贸易规则的内涵相当清晰，容易被大多数缔约方所认可。在信息技术发展的同时，数字贸易的市场范围及业务种类在不断扩展，许多新的课题也应运而生。美国近几年一直在区域贸易协定层面上大力推动“跨境数据自由流动”“源代码的转移或访问”“数据存储非强制本地化”“网络接入和使用”“个人信息保护”等典型的第二代“美式模板”贸易规则。在超大型自贸区（Mega-FTA）的一系列会谈，如（《跨太平洋伙伴关系协定》《跨大西洋贸易与投资伙伴关系协定》《国际服务贸易协定》）中，第二代“美式模板”数字贸易规则的相关议题已经成为双方讨论的重点。

（二）美国推动数字贸易战略新动向与新举措

在过去的数年间，美国推出了一套促进数字贸易发展的新措施。在数字贸易领域，美国占据领导地位并不断地向全球输出数字贸易规则，主导数字贸易谈判，以巩固和拓展自身的数字贸易优势，加强数字贸易对经济发展的推动作用。主要包含以下举措。

第一，在多边贸易谈判的基础上确立数字贸易规则，主要包括：①1997年美国发布的《全球电子商务纲要》是全球第一份官方正式发表的关于电子商务立场的文件，美国在其中明确表示要实行全球电子商务自由化；②1998年5月，在WTO部长级会议上美国敦促各国支持其电子商务永久免税提议；③2008年11月，APEC第十六次领导人非正式会议制定《数据繁荣自检清单》，其中包括数字基础设施、投资、创新、信息流等内容，旨在通过使用和开发通信技术实现可持续经济增长。

第二，在双边协议的基础上，强化多边数字贸易规则的落实。例如，美国和韩国于2012年签订的《美国—韩国自由贸易协定》指出，在负面清单的基础上，应对数字产品给予非歧视性待遇，尽量避免在跨境数据流动过程中造成不必要的阻碍。通过在各个自由贸易协定上设立电子商务专章及规则，美国力图实现数字传输内容的自由流通待遇。

第三，在区域谈判的过程中，积极构建数字贸易新规则。美国最大的数字贸易伙伴是欧盟，而亚洲具有最好的数字贸易发展前景。因此，美国对欧盟和亚洲各国的数字贸易给予了极大的关注。借助《跨太平洋伙伴关系协定》《跨大西洋贸易与投资伙伴关系协定》《国际服务贸易协定》的谈判，美国建立了区域性数字贸易规则框架，为其在世界范围内推行“美式模板”数字贸易规则奠定了良好的基础。

同时，美国也在积极发展跨境电商。2015年，美国发布了跨境电商发展十年规划，其发展的目标是在2025年跨境电商贸易额占到全球贸易份额的70%。同年，在亚太经合组织第二次高官会议中，美国提出通过“便利数字贸易促进包容性增长”的提案，并建议在APEC内搭建一个便捷的数字贸易框架。

值得关注的是，美国的数字贸易发展也存在着许多挑战：①数字贸易本地化政策会限制数字贸易市场的开放程度，从而制约美国开拓国际数字贸易市场的步伐；②在数据隐私保护方面存在大量分歧。出于对国家安全、隐私的担忧和自身数字经济发展的需要，当前已有60多个国家推行数据本地化方针，即在本国建立数据中心，或是要求将数据储存在境内；③非中性的审查政策将形成数字贸易市场准入壁垒。

近年，美国持续推进其“美式模板”数字贸易规则。美国政府宣布了一系列数字基础设施建设计划，并明确将向新兴技术投入1 800亿美元，这也标志着美国政府将在对外贸易政策中赋予数字贸易更高的权重，以捍卫美国在高新技术产业的优势与利益。一方面，美国正在重视跨大西洋伙伴关系，努力弥合美欧在数字贸易治理方面的分歧。例如，美国政府积极推进的英美自由贸易协定，既可作为与欧盟洽谈新的数字贸易协定的基础，又可为全球数字贸易规则设定更高的标准。另一方面，美国政府制定了与重返亚太政策相配套的亚太数字贸易治理政策，并旨在削弱中国在亚太地区数字贸易治理的话语权。例如，2021年美国贸易代表已与新加坡贸易部长就数字贸易协定问题进行了会谈，试图主导亚太地区数字贸易的治理。

二、“欧式模板”数字贸易规则

欧盟是全球数字服务贸易的主要出口来源区域，据联合国贸易和发展会议数据，2018年欧盟信息与通信技术服务的出口额占全球出口总额的54%。与此同时，欧盟与美国有着紧密的贸易联系，每年的货物和服务交易总量达1.06万亿美元，占全球贸易额的1/3。可见，在数字贸易领域，欧盟的地位不容忽视。但与已经在自由贸易协定中形成自己惯例的“美式模板”相比，欧盟的数字贸易构建进程就显得比较滞后。

在过去的十几年中，欧盟的数字贸易规则已逐渐由“软性语言”向“进攻性条款”过渡。虽然欧盟在与数字贸易相关的区域贸易协定中不断引入新的“语言”，但和“美式模板”相比，仍然存在疏漏。同时，对于不同的缔约方，欧盟会作出灵活多变的承诺，但其对“隐私保护”与“视听例外”的立场始终坚定。

（一）“欧式模板”数字贸易规则的主要特征

截至2022年，欧盟已经签订了几十个自由贸易协定。这些自由贸易协定中，涉及数字贸易的章节包括“电信章”“金融章”“投资章”和“知识产权章”。早期自由贸易协定，如2005年签订的《欧盟—智利自由贸易协定》中，欧盟多以温和的措辞展开数字贸易合作。然而，在发达国家和发展中国家之间的立场差异难以调和、WTO协商陷于停顿的大背景下，为了在全球数字贸易规则中表达自身诉求，欧盟委员会在2006年10月发表《全球的欧洲：在世界中的竞争》，标志着其策略重点从多边转移到了双边谈判，从谨慎的“软性语言”逐渐转变成了“攻击性条款”。例如，在“美式模板”数字贸易规则的影响下，2015年签订的《欧盟—韩国自由贸易协定》中用词也更加具体且有约束力。此后，加拿大与欧盟签署的《综合性经济贸易协议》（comprehensive economic and trade agreement，简称CETA）首次设立了“电子商务章”，并在“消费者保障”问题上加入更加深入的条款，以改善其便利化程度。在对“电子商务章”进行梳理分析后可以发现，受其政治制度和文化观念的影响，其所倡导的数字贸易规则有着非常鲜明的特征。“欧式模板”数字贸易规则的主要特征如下：

1. 缺少一个完备自主的规则体系

近年，随着信息技术的发展，电信、广播、音像等传统业务不再是单一部门，而成为一个整体。但是，在欧盟缔结的自由贸易协定中，涉及数字贸易的条款大多分散在各个章节中。受这一问题的影响，数字贸易规则在实践中会遇到困难。例如，使用数字方式进行流通的视听服务，是否仍然必须符合《服务贸易总协定》中的“基于电信来传播之内容”的例外条款。虽然欧盟最近在自由贸易协定中对上述条款进行了修改，但在领域的开放程度依然有较强的局限性，如《欧盟—韩国自由贸易协定》中规定外资股权限额和跨境数据流动条款仅限于金融服务业。同时，对于是否在数字贸易领域适用“最惠国待遇”和“国民待遇”等关于数字贸易对传统贸易规则的挑战问题，“欧式模板”尚未给出解决方案。

与此相反，同为发达经济体，美国于2000年首次在《美国—约旦自由贸易协定》设置“电子商务章”以来，“美式模板”的数字贸易规则持续演进，并逐渐完善。对于数字贸易带来的新挑战，“美式模板”作了清晰的回答，如2007年签订的《美国—韩国自由贸易协定》中，存在以处理电子商务供应商的市场准入和国民待遇为目标的扩展电信部门承诺。由此可见，在数字贸易规则水平上，欧盟与美国还有较大距离。

2. 积极改善数字基础设施和关税政策，推动信息通信技术发展

尽管都是发达经济体，但与美国的信息通信技术产业比较，欧盟处于劣势地位。以智能手机这一线上购物的重要平台为例，根据统计，2018年欧洲的手机覆盖率为83%，其中，中欧和东欧仅为61%和54%，而同时期的美国已达93%。虽然与全球大部分国家相比，欧盟的数据都更好，但在发达国家中，这一比例已经落后，并将会严重制约其数字贸易的发展。在这一背景下，欧盟希望通过开放通信行业来推动信息通信技术的发展。

首先，在《信息技术协定》（information technology agreement，简称ITA）扩大范围谈判中，欧盟希望以降低ICT税率的方式，鼓励贸易伙伴参与ICT技术合作，从而获得优质且低价的服务。其次，在对频段进行合理分配的基础上，鼓励服务提供商进行竞争。以《跨大西洋贸易与投资伙伴关系协定》第43条为例，欧盟规定“稀缺资源的使用权和分配权，包括无线电频谱，应当以公开、客观、及时、透明、无歧视、适当的措施来使用，程序应以客观、透明、非歧视和按比例标准为基础”。

3. 提高知识产权保护领域的执法力度和保护程度

首先，欧盟通过废除《与贸易有关的知识产权协定》中保护措施的例外条款，以减少执法层面上的例外。这一政策旨在压缩缔约方的调整空间。例如，《与贸易有关的知识产权协定》规定，必须听取被告的陈述，并规定此类行为的持续期限。由于上述举措，这些不利于知识产权权利人的做法已被《反仿冒贸易协定》（anti-counterfeiting trade agreement，简称 ACTA）取消。

其次，欧盟扩大了知识产权保护的范围和深度。①在 WTO 所规定的 50 年基础上再延长音乐和艺术作品等视听部门的版权保护年限 20 年。②保证音乐和艺术作品权利人在缔约国境内享有获取收益的权利。③强化信息知情权，先前《与贸易有关的知识产权协定》仅对信息知情权做了非强制性要求，并且有一定的约束，权利受损害方可以要求侵权方提供数据，但得到的份额须与其所受到的损害程度相符。目前，欧盟已对这一规则进行了修订，并且增加了硬性条款，取消了对比例的限定。④引入并细化《与贸易有关的知识产权协定》中尚未涉及，但在世界知识产权组织（world intellectual property organization，简称 WIPO）中已提及的概念，其中最为重要的是“网络中介责任”，也就是互联网服务提供商和网络交易平台的责任与义务。例如，加拿大与欧盟签署的《综合性经济贸易协定》中指出，如果侵犯了知识产权，网络服务提供商有处理和转移信息的权利。

4. 坚持对“视听例外”与“隐私保护”的立场

“欧式模板”的数字贸易规则在一些传统而关键的领域始终坚持固有的立场，这阻碍了欧盟与数字强国之间就部分关键议题达成一致的可能，致使贸易谈判陷入停滞。在这些问题中，“视听例外”和“隐私保护”最为突出。特别是视听部门，它们既是数字贸易的核心内容之一，又是文化部门的重要组成。在 WTO 框架下的多边磋商中，欧盟多次强调“视听例外”和“文化例外”原则，也就是将文化部门排除在谈判之外，而且在双边和区域磋商中也坚持拒绝数字贸易规则在文化部门中的使用。可以说，“视听例外”是欧盟数字贸易谈判中的重要立场。

“隐私保护”是与欧盟数字贸易谈判中的另一项重要内容。因为欧盟各成员国在“隐私保护”方面具有很高的标准，导致其在涉及诸如“保护知识产权”和“跨境数据自由流动”等关键问题的磋商上已经出现了数次搁浅。例如，《反仿冒贸易协定》协商失败的主要原因之一就是在“保护知识产权”的协商过程中，未能妥善处理“互联网供应商授权”与“隐私保护”之间的关系。为了推动跨境数据的自由流动，欧盟与美国于2000年准备签订的《个人信息跨国流通安全港协议》因未能找到“跨境数据自由流动”和“隐私保护”之间的平衡而宣告失败。尽管2016年的《欧盟—美国隐私盾协议》采取了比《个人信息跨国流通安全港协议》更严格的隐私权保障标准，但对于此协议能否有效地处理该问题，学界仍无定论。如果能够解决“视听例外”与“隐私保护”这两个关键问题，那么欧盟的自由贸易协定中关于数字贸易谈判，特别是与发达国家之间的磋商进程无疑将会大大加快。

5. 根据缔约方比较优势的强弱来改变“出价”

与对外始终保持一致立场的“美式模板”不同，欧盟会在数字贸易政策制定时，根据缔约对象的不同，而作出灵活处理。这一灵活处理方式主要体现为以下两点：第一，议题相同，谈判对象不同，欧盟会灵活采用“软合作”或“硬约束”两种截然不同的条款。比如，在“隐私保护”与“消费者保护”这两个问题上，欧盟有着极强的历史惯性。在与美国的“跨境数据自由流动”磋商中，欧盟没有做任何妥协。但是，在《欧盟—韩国自由贸易协定》和《综合性经济贸易协定》中，欧盟委员会只在上述两个问题上采用了鼓励的话语，而且所涉及的保护不具法律效力，如“缔约双方应重申保护个人基本权利和自由的承诺，尤其在个人数据传输上采取适当的隐私保护措施”。为了保护个人隐私权和国家安全，欧盟坚定支持限制“跨境数据自由流动”以及“数据储存强制本地化”。美国微软公司也在欧盟的重压下，不得不实施了“数据储存强制本地化”。但在与越南的磋商中，欧盟要求越南尽可能废除“数据储存强制本地化”政策。第二，在欧盟主导的自由贸易协定中，各方的承诺是不对等的。欧盟以其贸易支配地位，将开放自身市场作为谈判条件，迫使相对弱势国家做出更多的妥协。

（二）“欧式模板”关键规则的解读及发展趋势

欧盟在数字贸易规则谈判中，主要关注以下三个领域：

1. 跨境数据自由流动

因为“跨境数据自由流动”是数字贸易发展的基石，所以这个问题成为数字贸易规则的中心问题。同时，它也是欧盟在制定数字贸易规则中面临的最大难题。一方面，欧盟希望通过“跨境数据自由流动”来拉动经济增长，提振就业。有调查显示，若对数据流动实行严厉管制，每家中小企业将会面临每年 7 200 英镑的额外亏损，同时会降低 0.6%的工作机会。另一方面，出于保障个人隐私权的传统，欧盟也必须对“跨境数据自由流动”作出严格限制。欧盟每个公民的隐私权都受到立法的保障。欧盟法律规定，任何企业只有得到特定政府部门的许可，才可以在欧盟进行个人数据的收集和处理。虽然在数字贸易规则早期谈判过程中，欧盟还没有制定出专门的法律条文，但是欧盟的法律指令弥补了这一缺陷。例如，欧盟在 1995 年制定的《数据保护指令》中规定了“数据本土化”。

如何确保“跨境数据自由流动”和“隐私保护”，是欧盟在谈判过程中最为关注的问题。目前，在美国和欧盟进行的数字贸易磋商中，上述两个问题引起的争议是最大的。美国拥有脸书和谷歌这样的跨国企业，它们可以从庞大的数据流动、社交媒体服务、网络搜索引擎和其他数字服务中攫取巨额利润。因此，美国一直在抵制一切束缚“跨境数据自由流动”的行为。与此相反，欧盟传统立法在“跨境数据自由流动”等涉及个人隐私方面有着严格限制。欧盟将保障个人数据不外泄到自身管辖范围之外，这使美国企业无法便利地获得数据，与此同时对欧盟自身的经济发展也产生不利影响。为了寻求平衡点，美国与欧盟先后达成《个人信息跨国流通安全港协议》和《欧盟—美国隐私盾协议》，并制定了多项有关数据隐私保护的措施，以确保“跨境数据自由流动”。《个人信息跨国流通安全港协议》，通过建立一个符合欧盟要求的信息保护标准，承诺并尊重其拥有的欧盟用户的数据隐私权，美国企业能够将欧盟境内产生的数据传输至境外。一旦违反规定，这些公司将被从白名单中除名。但在实际执行过程中，跨国公司并未遵守该项规定，甚至一些公司持续违反《个人信息跨国流通安全港协议》，并将数据资料传送到欧盟管辖区之外。最终，斯诺登事件爆发证明了上述问题的存在。欧盟对此协议的信心彻底丧失，欧盟最高司法机构——欧洲法院于 2015 年 10 月宣布《个人信息跨国流通安全港协议》无效。

尽管《个人信息跨国流通安全港协议》最后以失败告终，但是面对“跨境数据自由流动”带来的经济收益，欧盟仍和美国缔结《欧盟—美国隐私盾协议》，该协议试图加强对个人隐私的保护和对企业的约束，从而保证数据流出欧盟时的安全性。这项协议还提供了面向欧盟公民诉讼的仲裁、监督机构、争端处理机制以及解决途径。这在保障跨国企业使用个人隐私信息安全性的同时，也为符合协议要求的美国公司提供了一个数据搜集的渠道。2018 年，欧盟在《数据保护指令》的基础上发布《通用数据保护条例》，其目的是加强《欧盟—美国隐私盾协议》。《通用数据保护条例》把个人信息的安全和监管提高到了空前的高度，并独立严谨地规定了执行和惩罚机制，同时规定欧盟公司需遵守与美国公司相似的规则。即便如此，欧洲议会及欧洲民众仍然怀疑这项协议是否能够与欧盟数据保护法规相协调，并质疑其隐私保护的执行力度。

显然，在“跨境数据自由流动”问题上，欧盟不断提升在隐私保护方面的力度，但这一举措的最终目的是要达到跨境数字自由流动。在可预见的未来，欧盟仍会采取这样的立场：允许进行“跨境数据自由流动”，但以保护隐私安全为前提条件。同时，欧盟也将适时调整自己，在面对数字强国时将“数据储存强制本地化”作为一项数字贸易政策；而面对发展中国家时，欧盟则会拒绝给出对等价格。例如，在同越南的自由贸易协定谈判中，欧盟采取了双重标准，拒绝越南向欧盟提出的“数据存储强制本地化”提案。

2. 知识产权保护

近年，数字贸易迅速发展，而网络交易引发的知识产权争端也随之增加。在数字化转型背景下，现有的传统贸易规则很难有效地处理这类问题。因此，在数字贸易规则谈判中，“知识产权保护”成为讨论的热点。知识产权集约型企业每年都可为欧盟创造4.7万亿欧元的产值，同时创造了欧盟就业市场35%的工作岗位。因此，欧盟在参与构建数字贸易规则时，高度重视知识产权保护议题。

但由于数字技术的快速发展和数字产品在国际贸易中占比不断提升，原有的《与贸易有关的知识产权协定》（TRIPS）条款已经不能满足欧盟对于“知识产权保护”的要求。同时，在“知识产权保护”数字贸易规则的制定上，与美国相比，欧盟已经处于劣势。因此，在最近的磋商中，欧盟已经开始不遗余力地推动数字贸易知识产权领域的“TRIPS+”条款，以全面推动知识产权保护执法的严格化和保护水平的提升。

欧盟在“知识产权保护”方面的策略是：一方面，通过自己在国际数字贸易上的强势地位，逼迫中等发达经济体在知识产权问题上作出妥协；另一方面，在与发达经济体沟通的过程中，期望能够达成共识，促进数字知识版权保护的发展。欧盟与一系列对知识产权保护有共识的发达国家（如美国、日本、加拿大、瑞士、韩国和新西兰）进行了关于知识产权的高层次多边磋商，并且在2011年就《反仿冒贸易协定》达成了初步共识。但是，欧洲议会却最终对这一协定投了否决票，致使该协议未能通过。欧盟内部持异议的人士认为，《反仿冒贸易协定》破坏了个人信息权和隐私权。还有意见认为，新增措施会给欧盟带来负面影响。

值得注意的是，在与中等经济体的磋商过程中，欧盟也采用了类似《反仿冒贸易协定》的条款。例如，《欧盟—韩国自由贸易协定》以及加拿大与欧盟之间签订的《全面经济贸易协定》。其中，《全面经济贸易协定》第3条就包含了“数字网络中版权与邻接权的侵权行为”的相关规定。显然，在寻求“隐私保护”与“知识产权保护”之间平衡的过程中，欧盟对美国和日本这样的数字贸易强国格外警惕，而对中等发达经济体则没有过多的戒心。到2022年，与欧盟签订自由贸易协定的主要是一些中等体量的经济体，如韩国、加拿大、印度等。

当前，欧盟已经把重点放在了如美国、日本这样的发达国家，以及中国等拥有良好发展前景的国家。可以预料，欧盟在与上述各国的磋商中，将遵循一贯的方针：引入“TRIPS+”的条款，但面对与隐私权相关的互联网服务提供商等的问题时会采取强硬态度，这势必会给磋商带来诸多阻碍。特别是，在仅有美欧参加的《跨大西洋贸易与投资伙伴协议》会谈中，欧盟持更为谨慎的态度。如果此问题得不到解决，欧洲议会一定会以“知识产权保护”为由提出异议。

3. 视听例外

文化部门在欧盟的经济发展和社会稳定中扮演着重要的角色，其占欧盟GDP的2.6%，并为欧盟内部就业市场提供了高达500万份的优质工作。作为文化部门的重要分支，视听部门对公民意识形态影响巨大。近年，数字音乐、视频和电子书逐渐流行，视听部门已经深入数字贸易的方方面面。因此，“视听例外”一直被欧盟视作是数字贸易规则的核心之一。考虑到欧盟将视听部门纳入上一层级的文化部门的规则条款中，所以可从欧盟对文化部门的立场来阐述“欧式模板”数字贸易规则。

在文化贸易（包括视听贸易，下同）政策制定的早期，由于受到美国等强势文化的冲击，欧洲共同体（欧盟前身）长期采取限制文化进口、阻止强势文化入侵的文化贸易政策。在1989年的《电视无国界指令》中，欧共体提出，“保障成员国自身的电视节目在境内不受流动限制，但‘欧洲生产’的电视节目必须占据电视台一半以上的播出时间（排除新闻、时事和体育节目）”。该法令对美国文化入侵形成了无形的制约。

在参与WTO谈判过程中，为达到保护自身文化的目的，欧盟已逐渐确立并坚持“文化例外”（包括“视听例外”，下同）的概念。1993年，法国为了在《关税贸易总协定》谈判中保持民族文化独立性，首先创立了这一理念。法国坚持必须把文化产品作为商品，其流动性与作为服务的文化价值相统一。由于以上两种商品的特性，应该尽量不把通用的交易规则应用到文化商品中去。受上述文化产品双重属性的影响，应坚决避免将一般贸易规则直接套用在文化产品上。虽然“文化例外”一词没有被特别地写进《关税贸易总协定》的文字表述中，但赋予了文化部门一系列的特权。例如，在“有关电影的特殊规定”的条款（《关税贸易总协定》第4条，1994）中规定了电影配额制度，在“一般例外”条款（《关税贸易总协定》第20条f，1994）中，表示可采取“保护本国具有艺术、历史或考古意义的文物的措施”，但同时也指出，“对于同样情形下的成员国，不得采取构成对国际贸易的变相限制或构成不合理或者武断的差别待遇”。

虽然在《服务贸易总协定》中没有把视听服务从一般规则中剔除，但是欧盟仍然在这一份既不作保证又不进行约束的协定中，获得了文化部门的最惠国待遇。在《服务贸易总协定》中，欧盟通过不对文化部门作出具体承诺的方式，将文化部门（尤其是视听部门）从自由贸易的范畴中剔除。

WTO所规定的“文化豁免权”条款与WTO自身倡导的自由贸易理念产生了矛盾。因此，欧盟在WTO内推出的“文化例外”也遭到了不少国家，特别是美国的强烈不满。面对这种状况，欧盟一直在WTO框架外发力，试图在规则制定上取得主动，实现其“文化例外”的目标。

欧盟在WTO框架之外的自由贸易协定中，除了旗帜鲜明地提出“文化例外”并附上相关规则条款外，还特别将“视听例外”条款列入其中。但目前欧盟对文化部门的立场也出现了转变：它们担心过度地抵制外国文化可能会妨碍本国的文化产业发展。因此，基于“文化例外”条款，欧盟逐渐在区域贸易协定中引入有助于文化合作的规定，从而推动不同文化的交融发展。例如，在《欧盟—智利自由贸易协定（2005年）》中包含了一份简短的合作宣言；在2008年签订的《欧盟—加勒比海自由贸易协定》中纳入了“在有限情况下，允许非欧盟公司在文化部门拥有与欧盟公司同等的权利”；在2016年与加拿大签订的《综合性经济贸易协议》中，欧盟对“正面清单”和“混合清单”进行更新，采取了“负面清单”的方式作出约束。虽然从表面上看，这些协议似乎将“文化例外”的传统观念排斥在外，但经过仔细研究可以看出，欧盟的承诺简单化、抽象化，并没有表现出足够的诚意来推动文化贸易自由化和深入合作。欧盟的“文化例外”立场仍然没有改变，即不作出有约束力的承诺、规避市场准入相关条款，转而在“补贴章”“投资章”“跨境服务章”来实现实质性的文化豁免。

随着时间的推移，有理由相信未来欧盟会在贯彻“文化例外”的前提下，对“文化合作”稍加放宽。虽然在《跨大西洋贸易与投资伙伴关系协定》会谈中，欧盟反复强调，“文化例外”将会贯穿整个谈判进程。但数字时代已然来临，如谷歌、脸书等互联网巨头已经“统治”了整个欧盟的网络市场。鉴于欧盟尚未出台有效措施阻止数据入侵，仅仅在数字贸易谈判中实施“文化例外”政策已无法有效地遏制线上外来文化的涌入。认识到上述情况后，欧盟应积极采取行动，构建适合自身的保护措施以及适宜数字视听产业发展的环境，并重点关注视听部门的转型问题。目前，欧盟和美国均有意就此展开协商。但是，欧洲议会已在一项不具法律效力的提案中表达了“坚决抵制将文化问题纳入协商”的立场。由于欧洲议会对欧委会签署的协议具有否决权，欧盟能否在这一领域取得重大突破，取决于欧洲议会能否和欧委会形成共识。但从欧盟传统的历史惯性角度考虑，其产生实质性转变的难度很大。

从整体上看，“欧式模板”数字贸易规则尚处于初级阶段，涉及的条款仍零散地分布在多个章节，欧盟自身的数字贸易规则仍有待完善。欧盟开展数字贸易谈判的目的是希望通过推进“跨境数据自由流动”、完善“知识产权保护”、推进“视听例外”等手段，确保自身数字贸易的健康发展。

欧盟一直坚守的“隐私保护”和“视听例外”底线，阻碍了其与美国之间的磋商，特别是在“跨境数据自由流动”“知识产权保护”“视听例外”三个重大问题上的争议不断。从长期来看，在上述问题上，欧盟存在着求同存异的趋势，欧盟所签订的自由贸易协定中相关条款越来越多，也越来越详细，但是，在维护自身利益和各部门开放方面，欧盟仍然没有找到一个平衡点。因此，欧盟应首先制定能够契合数字贸易发展趋势的“隐私保护”与“视听例外”条款，方可为各缔约方提供一份合作共赢的“欧式模板”数字贸易规则。

三、“东亚模板”数字贸易规则

东亚是全球经济活动最具活力的地区，其内部的价值链分工和生产网络日益成熟，数字产品的生产与交易蓬勃发展，若缺少相应的数字贸易规则，必然会对数字贸易的进一步发展造成阻碍，进而制约整个地区的经济发展。美国与欧盟等发达经济体率先建立了“美式模板”与“欧式模板”的数字贸易新规则，并借助其经济上的支配地位，逐渐向亚洲乃至全球渗透。在制定国际贸易规则时，各缔约方都希望起到主导作用，以谋求自身利益最大化，这也体现了“东亚模板”规则探索和倡导的重要意义。随着《区域全面经济伙伴关系协定》的顺利签订，东亚各大经济体已经在数字贸易规则上达成了一定程度的统一意见，并且该地区其他双边贸易协定也涵盖了许多数字贸易规则，这表明推动东亚地区数字贸易合作、形成数字贸易规则新合力的可行性和必要性。

（一）“东亚模板”数字贸易规则的形成过程

相较于美欧，东亚地区数字贸易发展的核心内容是围绕东亚生产网络迅猛发展的数字贸易，若直接照抄“美式模板”和“欧式模板”，对东亚地区数字贸易规则发展与完善没有任何帮助。

虽然《区域全面经济伙伴关系协定》框架下构建的初级“东亚模板”可以在一定程度上推动数字贸易的发展，规范各方的数字贸易活动，但现有条款仍然停留在数字贸易基本准则的层面，远远不能适应东亚地区快速发展的数字贸易需要。所以，东亚地区各国必须尽快形成关于数字贸易规则的新共识，深入探讨、制定和完善以跨境电商为代表的数字货物贸易规则。中日韩自由贸易区的磋商将就“跨境物流”“跨境支付”“跨境电子争端解决机制”“在线交易信用体系”“低价值商品免关税”等问题进行更多的讨论，以便就如何更好地形成“东亚模板”数字贸易规则作出更大努力。

“东亚模板”数字贸易规则的构建过程和东亚自由贸易区的发展过程有着某种相似之处，从低端逐步走向高端，从双边贸易协定走向多边贸易协定。随着数字贸易的迅速发展，制定数字贸易规则的重要性日益凸显，东亚各国开始与域内或域外国家商讨签署数字贸易协定。例如，日本和美国、新加坡、新西兰均达成了数字贸易协定或含有数字贸易规则的自由贸易协定；由日本主导、11 个国家签署的《全面与进步跨太平洋伙伴关系协定》中也包括较高层次的数字贸易条款。随后，基于亚洲地区大量的双边自由贸易区，东亚各国逐渐达成了多边贸易协定，并最终签署了《区域全面经济伙伴关系协定》。但由于亚洲各国的发展水平参差不齐，且大部分发展中国家的数字化程度都比较低，发展速度也较慢，因此，这些国家担心过度开放的数字贸易规则会帮助发达经济体的跨国公司垄断其国内市场，进而危害到国家安全。基于上述原因，东亚地区各国的数字贸易规则必将经历从低端向高端的发展过程。

东亚各国之间的数字贸易磋商将延续以往的经贸合作方式，以中日韩三国为代表，共同建立“东亚模板”数字贸易规则。这是由于一方面中日韩三国在区域内部处于数字贸易发展的领先地位且相互经贸往来密切；另一方面是三国一直积极参与数字贸易的国际治理。日本在 2019 年 G20 大阪峰会期间，提议推出一项名为“大阪轨道”的数字贸易规则。中国等新兴经济体也基本赞成这项举措，这成为推动东亚地区联合构建数字贸易规则的基础。中日韩自由贸易协定中虽然涵盖了较高层次的数字贸易规则，但要实现从双边协定到多边协定的演变，还需经过更多考验。例如，中韩可以率先在数字贸易方面建立高层次的合作协议，也可以通过中日韩同亚洲其他国家签订双边数字贸易协定，来间接促成中日韩三方的合作，从而最终实现东亚数字贸易的一体化。

在当前国际形势下，中日韩三国应该共同捍卫东亚和全球范围内的自由贸易体制，减少彼此的政治和经济摩擦，大力推动数字贸易发展，为进一步加深区域合作打下坚实的基础。

（二）“东亚模板”数字贸易规则面临的困境

作为全球最具经济活力的区域，建立东亚区域性数字贸易规则体系具有重大而深远的意义。同时，亚洲主要经济体签署的《区域全面经济伙伴关系协定》中涵盖了广泛的数字贸易规则，已为“东亚模板”数字贸易规则的构建提供了基础。然而必须考虑的是，中日韩三国乃至整个东亚地区在深化区域经济合作中遇到了诸多困难和挑战，尤其是在新冠疫情的冲击下，许多问题已出现了严重化倾向。当前，东亚地区的数字贸易规则构建及深化合作中面临着多角度、多层面的困境，主要包括以下三个方面：

第一，新冠疫情加速了国际局势演变，给东亚区域合作带来了很大的不确定性。

随着发展中国家和新兴经济体的崛起，全球经济格局正在发生巨大的改变，并由此产生了百年未有之大变局，不仅对现行的国际秩序造成了巨大影响，而且正在要求建立一套合作共赢的国际新秩序与新规则体系。此次新冠疫情暴发前所未有地呈现出各国政府不同治理模式的差异，凸显了目前全球供应链分工的脆弱性，促使美国加速与中国“脱钩”。

日韩均是美国的盟友，无论在外交上还是在军事上都与美国有密切联系，这给中日韩的合作造成了很大的负面影响。日本政府一再重申其对外政策是以日美联盟为依托，配合美国向中国挑衅，对中日两国的关系造成了很大的影响。

第二，外部力量深度介入和区域内经济发展差异大，将制约区域合作水平的提升。

美国政府的“重返亚洲”和“亚太再平衡”战略，不仅严重干扰了亚洲区域国际关系和地区安全，还严重影响了整个区域的经济发展。例如，美国仍从自身在东亚的利益出发，对东亚地区的合作横加阻拦和干涉，从经济和科技上全面限制中国的发展。

各国政治外交关系的改变也会对东亚经贸关系产生重大冲击。中日之间曾经出现过一种“政冷经热”的状况。由于双方力量对比有很大的改变，这种特殊状况是否会继续下去，还要看双方的行动和判断。

第三，区域内各经济体对数字贸易的认知存在巨大差异。

东亚地区各国的经济发展水平有较大差距，其中既包括以日本为代表的发达经济体，也有像中国一样的发展中经济体，以及一些低收入国家。国家之间的发展差距、认知差距，构成了东亚地区数字贸易发展的阻碍。根据数字贸易自由化的程度，一些学者将其分成三大阵营：①美国提倡的数字产品全面自由流动；②欧盟提倡的将个人信息与企业信息分离，并限制个人信息的跨境传输；③以中国为代表的，要求对数字产品流动进行限制，以保障国家安全。东亚地区各国对此的认识也有很大的差别。日韩等发达国家更偏向于数字产品的自由流动，而发展中国家在保护自身企业的同时，会更加审慎地看待数字贸易规则。

以上问题在数字贸易领域合作及规则建立方面表现得尤为突出，对“东亚模板”数字贸易规则的构建产生了较大影响。

第三节　中国在贸易协定下的数字贸易规则

中国是世界上数字贸易领域最具影响力、最活跃的国家之一。目前，中国还暂未形成一个完善而又行之有效的数字贸易规则体系。在这种情况下，中国需要寻求一个平衡，既要保障信息安全，又要促进数字贸易发展。本节将对中国在WTO框架下、区域《自由贸易协定》框架下和双边《自由贸易协定》框架下的数字贸易规则进行总结和比较分析，介绍中国提出的“数字丝绸之路”倡议中的“丝路电商”布局，归纳中美在数字贸易规则方面存在的差异，为中国在数字贸易规则的制定和完善方面提供参考。

一、中国在 WTO 框架下的数字贸易规则

虽然 WTO 框架下数字贸易的多边磋商一直没有取得实质性进展，但是 WTO 仍然是全球数字贸易领域占据主导地位的一个重要平台。为推动世界数字贸易的良性有序发展，WTO 43 个组织成员于 2017 年在阿根廷首都布宜诺斯艾利斯举行的第十一届部长大会上发表了《关于数字贸易的联合声明》。该声明指出，数字贸易会谈对 WTO 全体组织成员都是开放的，并且不会对今后会谈中的地位产生任何冲击，而会谈的终极目标是形成具有约束力的多边数字贸易规则。在 2019 年 1 月召开的达沃斯峰会上，包括中美在内的 76 个 WTO 成员共同发布了《关于数字贸易的联合声明》，提出在 WTO 框架下开展数字贸易诸边会谈，试图建立国际数字贸易规则。截至 2021 年 8 月，已有 86 个组织成员参与了关于 WTO 数字贸易的诸边会谈。

截至 2021 年，中国政府已经向 WTO 提出了四项提案。其中，2019 年 4 月的提案给出了部分原则性问题，反映了中国的谈判目标、方向、时间表和重点关注领域，并对各组织成员均比较关心的新问题予以回答，如数据流动、数据存储、数字产品待遇等。这项提案也显示了中国愿意从符合共同利益的问题入手，与其他成员就数字贸易方面的问题制定相关规则，以推动全球数字贸易健康、有序和可持续发展。之后中国提交的提案包括电子认证、电子合同、垃圾邮件、透明度等，提案还集中讨论了信息通信技术产品的非歧视性问题，指出 WTO 成员不能对与数字贸易有关的电子设备和电子产品进行任何区别对待。这也是中国对于美国、欧盟发起的针对华为产品及 5G 技术的限制和歧视作出的反击。

总体上而言，中国的提案主要集中在数字贸易的常规领域，倡导便利

和安全地开展数字贸易，而不会卷入对数字贸易产生更大冲击。发达国家的提案则是针对数字贸易的热点问题给出了详细的法律文件，这些提案具有很高的议价作用。为了建立符合自身利益的国际数字贸易新体系，中国应该充分认识跨境数据流动等新问题、新形势，并且要采取主动的措施，避免美国、欧盟主导 WTO 数字贸易规则制定，为本国制定高水平的、有利于自身数字贸易发展的国际数字贸易规则。

二、中国在区域贸易协定下的数字贸易规则

中国在各类区域《自由贸易协定》框架下和双边《自由贸易协定》框架下，积极就数字贸易规则等相关问题进行协商，制定符合中国国情的数字贸易规则体系，加快中国数字贸易发展步伐。

（一）中国在区域自由贸易协定框架下的数字贸易规则

随着世界经济一体化进程的加快，数字贸易已经逐渐成为全球经济领域的一个新的重要议题。在中美两国的战略竞争日益激烈的背景下，美国正在筹划在《美日数字贸易协定》的基础上，推出印太数字贸易协定，以削减中国在亚太地区的影响力，拉拢区域内各国，以实现牵制中国，重拾亚太领导权的目的。与此同时，欧盟也在《通用数据保护条例》中制定了“充分保护条款”，以推动其他国家认可其跨境数据流动标准。

在数字贸易竞争日益激烈的情况下，中国大力推动《区域全面经济伙伴关系协定》的达成，并在诸如跨境数据流动和数据存储本地化等重大问题上首次作出承诺，并正式提出加入《全面与进步跨太平洋伙伴关系协定》的申请。其中，《区域全面经济伙伴关系协定》更多是基于 WTO 的规则和精神，对电子传输关税、跨境数据自由流动等问题作出声明，而《全面与进步跨太平洋伙伴关系协定》则在这两个方面提出更加严格和更具约束力的条款，并进一步规范数字产品非歧视待遇、网络自由接入、禁止强制共享源代码等议题。“十四五”期间，中国要继续把握好发展契机，加强内部的体制创新，积极参加国际数字贸易协定磋商，制定适合中国国

情的数字贸易新规则。

1. 总体接纳《全面与进步跨太平洋伙伴关系协定》的数字贸易规则，努力与高水平规则接轨

将《全面与进步跨太平洋伙伴关系协定》视为推动数字贸易发展的新推动力。随着世界范围内的贸易保护主义日益加剧，多边贸易制度面临着越来越大的挑战，而随着国际贸易的飞速发展，对国际经济秩序的要求也空前高涨，许多大型经贸协定相继诞生，对全球经济发展起到了重要作用。例如，美国、墨西哥、加拿大于2018年11月签订的《美国—墨西哥—加拿大协定》、2018年12月生效的《全面与进步跨太平洋伙伴关系协定》以及2019年2月生效的《欧盟—日本经济伙伴关系协定》等，都包括了高级别的数字贸易规则。

《全面与进步跨太平洋伙伴关系协定》的主要目的是保证跨境数据自由流动和电子交易的便利，其中大多数条款与《区域全面经济伙伴关系协定》的内容相似，这对推动电子商务发展具有重要意义。此外，虽然《全面与进步跨太平洋伙伴关系协定》是从“美式模板”中衍生出来，但是其缔约国在数字经济和管理水平上存在着很大的差别，因此协定的文本也是多方妥协的结果。例如，“通过电子方式跨境传送”和“计算设施地点”条款都确认了缔约国的法律规定，并设定了一些特殊条款。从整体上看，《全面与进步跨太平洋伙伴关系协定》的数字贸易条款比《美国—墨西哥—加拿大协定》和《美日数字贸易协定》要简单一些，这在中国恰好可以承受的范围内。随着《区域全面经济伙伴关系协定》的实施，中国于2021年9月16日递交了一份正式申请加入《全面与进步跨太平洋伙伴关系协定》的文件。中国现行的一些法律法规与《全面与进步跨太平洋伙伴关系协定》的规定还有较大距离。中国要想真正地融入《全面与进步跨太平洋伙伴关系协定》，就必须加大内部改革力度，进一步扩大对外开放。这对于中国打破某些所谓的规则禁锢也是一个很好的机会，可以帮助中国数字贸易规则尽快进入一个更高的层次。

中国可以在原则上许可跨境数据的自由流动，这将有利于国内互联网公司在国外的经营活动。与此同时，利用自身的经济吸引力和发展优势，在开放和安全、自由和监管之间寻求平衡。一是要在积极、有序地扩大中国文化市场对外开放的前提下，把新闻、出版、金融等最为敏感的行业列入《全面与进步跨太平洋伙伴关系协定》的例外清单中；二是在“合法公共政策目标”上添加注解，力求将“国家安全”的内涵包含在内；三是对“电子商务网络的接入和使用原则”条款中的非强制义务进行确认，并与《全面与进步跨太平洋伙伴关系协定》成员国就中国互联网的访问模式进行交流，力求取得进展；四是参考越南、马来西亚等国家的相关做法，为协议争端解决机制提供一个过渡期。

2. 积极参加《数字经济伙伴关系协定》等谈判，在区域数字贸易规则制订中争取主导权

《数字经济伙伴关系协定》（digital economy partnership agreement，简称 DEPA）是新加坡、新西兰和智利三国于 2020 年 6 月签署的协定，该协定在《全面与进步跨太平洋伙伴关系协定》的基础上，增加了人工智能、金融科技等方面的软性合作安排，并且采取了模块化架构，可以自由地按模块进行协商，更具开放性和包容性，有望在世界范围内促进数字贸易发展。目前，韩国已经开始申请加入《数字经济伙伴关系协定》，而中国也于 2021 年 11 月 1 日正式提出申请加入《数字经济伙伴关系协定》。中国应该继续保持与《数字经济伙伴关系协定》成员国进行交流，在制定区域数字贸易规则方面取得更多优势。与此同时，中国也可以在《中国—韩国自由贸易协定》《中国—秘鲁自由贸易协定》等升级议定书中增加跨境数据流动方面的内容，或者完善《数字经济伙伴关系协定》部分模块。

此外，中国应与欧盟、欧亚经济联盟等主要经济体围绕跨境数据流动进行交流和协商，达成更广泛的一致。在 WTO 框架下的数字贸易谈判中，中国可以通过适当抬高报价的方式，以更为积极开放的态度来争取国际数字贸易规则制定的主动权。例如，可以考虑设置“永久性”免除电子运输关税；在“源代码”规则制定方面，可以参照《全面与进步跨太平洋伙伴关系协定》的相关规则，保证不会强迫进行源代码的共享；针对跨境数据自由流动及数据储存本地化问题，可以根据《区域全面经济伙伴关系协定》有关条款，在保证各国基本利益的情况下，确保数据的正常流动。

（二）中国在双边自由贸易协定框架下的数字贸易规则

截至2021年8月，中国已签订21项自由贸易协定，其中9项涉及数字贸易条款。这些协定中的数字贸易条款涵盖了数字贸易的目标和原则、定义、一般条款、海关关税、透明度、国内监管框架、电子证书、电子认证和电子签署、个人信息保护、在线消费者保护、无纸化贸易、电子商务合作和争端解决条款等。在其他国家签署的自由贸易协定中，也常常会涉及上述条款。随着中国在自由贸易协定的数字贸易常规议题实践上的逐步深入，其在促进数字贸易便利化和个人信息保护的过程中所扮演的角色也越来越重要。

在中日韩自贸区建设中，中国应抓住现行多边协定所提供的机遇。截至目前，中国与日本尚未签署双边自由贸易协定，但是在《区域全面经济伙伴关系协定》范围之内，中国与日本签署了第一份双边关税减让安排，这极具历史意义。根据《区域全面经济伙伴关系协定》，中国与日本相互间的最终免税商品比例将达到86%，而日本也会逐渐降低50%的中国出口农产品关税。更有意义的是，《区域全面经济伙伴关系协定》将东盟与中国、日本、韩国、澳大利亚、新西兰等多个“10+1”的自贸协定，以及中国、日本、韩国、澳大利亚、新西兰5个国家间存在的自贸协定包括在内。例如，中国与韩国、澳大利亚、新西兰均签订了自由贸易协定，而日本与韩国、澳大利亚、新西兰等也签订了《经济伙伴关系协定》。除中国与日本之间达成新的贸易合作关系外，日本与韩国的经贸合作也得到了加强。同时，由《区域全面经济伙伴关系协定》带来的自由贸易协定升级潮，已在多个双边协定中得到验证。例如，中国与新西兰签署的《中国—新西兰自由贸易协定》的《升级议定书》，中国和韩国签订的包括电子商务规则在内的《中国—韩国自由贸易协定》，且中韩之间正在稳步推进后续升级议定书的谈判。基于《区域全面经济伙伴关系协定》的基本框架，可以预期，在未来的自由贸易协定与升级议定书中，关于数字贸易的相关规定将会不断更新升级，并将逐步列入更高层次的条款。中日韩在 2012 年 11 月展开的关于自由贸易区的谈判，截至 2019 年 11 月，也已进行了 16 个回合的磋商。在这样的大环境下，中日韩自贸区的建设将会非常有益，中国应该加快推进三国经济合作的进程，实现与《区域全面经济伙伴关系协定》对接，加快中国数字贸易发展步伐。

三、丝路电商——电子商务合作备忘录

“数字丝绸之路”是中国提出的数字贸易倡议，旨在解决当下世界数字贸易失衡的问题，致力于与世界各国分享数字经济发展成果，改善国家间数字贸易失衡的现状。在商务部办公厅发布《关于加快数字商务建设、服务构建新发展格局的通知》后，商务部陆续发布了 5 项重要举措，“丝路电商”便是其中一项。国家提出各地要加强与国外的交流，加速在世界范围内扩大“丝路电商”的布局，在合作方式上进行创新，突出各国特色；鼓励各大电商公司加大境外市场开发力度，扶持上下游产业协同出海，在全球范围内带动整个行业发展，提升中国企业的国际竞争力和引领力。同时，国家还建议各省份制定“丝路电商”区域协作计划，并设立专门的工作机制，把有关工作列入省部协作范围内；创新发展跨境电子商务，通过多种途径协助企业建立海外物流共享平台；大力支持“丝路电商”的合作示范建设，通过各种方式加强“丝路电商”的交流与推广力度。近年，共建“一带一路”国家之间的官方和民间交流日益密切。商务部数据显示，“丝路电商”伙伴国已经扩大到 22 个。企查查数据显示，目前中国在业或存续的跨境电商企业 2.6 万个。2020 年新注册企业数量为

5 688 个，其中参与共建“一带一路”省份企业的注册量达 3 130 个[①]。

有研究学者指出，“丝路电商”的繁荣，是“一带一路”参与国积极合作共赢的成果，其原因有以下几点：①在“数字丝绸之路”参与国家增多、数字基础设施日益完善的过程中，各“丝路电商”参与者的数字贸易得到了实实在在的发展，从而形成了强大的合力，促进了“丝路电商”的进一步深入发展；②中国和世界各国不断发展的“线上”贸易、中欧班列高效运力的成形，与“一带一路”沿线的“线下”合作园区共同带动，为“丝路电商”的健康发展奠定了坚实的基础；③随着中国国内产业结构调整和“新基建”加速推进，各地区加速构建具有鲜明特色的国际产业体系，促进了“丝路电商”的广泛落地。

展望未来，中国一方面要在数字基础设施建设方面加大投入，尤其是要进一步加强对网络、卫星通信、大数据中心和宽带网络等基础设施的投资，为发展当地的数字化、网络化和智能化升级改造提供助力。另一方面，要利用中欧铁路建立新型跨境物流渠道这一契机，建立一系列的跨境电商综合试验区，并在共建“一带一路”国家建立面向细分市场的垂直数字贸易平台，同时大力扶持移动支付合作等线下支付业务，为其提供更加便捷的国际金融服务。

四、中美在数字贸易规则方面存在的差异

中国近些年在数字贸易方面取得了显著成就。商务部统计数据显示，2021 年中国网上零售额达到 13 万亿元，位居全球首位，还产生了数千万的就业岗位。因此，中国在有关数字贸易的议题上，存在着极大的利益诉求。中国与美国在数字贸易行业中的优势领域各不相同，“美式模板”的数字贸易规则体系是否符合中国发展的要求，需要进行深入的探讨。

① 彭训文：《中国已与五大洲 22 个国家建立双边电子商务合作机制》，https://m.gmw.cn/baijia/2021-04/16/1302235087.html。

从整体上看，“美式模板”主要是从以下两方面来制定数字贸易规则：①推动数字产品和服务的跨境自由流动，争取减少贸易壁垒；②努力促使数字基础设施、信息通信技术设备之间互连以及技术规格和标准之间的内在统一。当前，最能反映美国意愿的是，“美式模板”数字贸易规则中强调“跨境数据自由流动”“数据存储非强制本地化”“源代码转移或访问”的部分。“美式模板”数字贸易规则在上述两方面可以说是并行的，但是也引起了许多争论。中国签署的中韩、中澳自由贸易协定中都有单独的关于电子商务的章节，这些电子商务章节反映了数字贸易中的一些基本原则，如“数字传输免关税”“电子签名和电子认证”“无纸化贸易”等，但是几乎未提到“美式模板”中的上述规则。若要将中国数字贸易的法律法规与“美式模板”接轨，主要的难点与挑战将集中在以下三个方面：

（一）跨境数据自由流动

“跨境数据自由流动”是美国在《跨太平洋伙伴关系协定》《跨大西洋贸易与投资伙伴关系协定》《国际服务贸易协定》中最为关注的问题。在美国主导的《跨太平洋伙伴关系协定》中，“保证全球信息与数据自由流动”是一项极具野心的条款。这一条款规定，各缔约国应确保全球数据及信息的自由流动，以促进互联网和数字经济的发展，其前提是符合“保护个人信息等合法公共政策目标”。为了达到“全球信息与数据自由流动”的目的，《跨太平洋伙伴关系协定》将“跨境数据自由流动”这一传统观念作了以下拓展：①淡化国界的观念，突出“全球性”的信息与数据流动；②在保证合法公共政策目标（如保护个人隐私）的基础上，突出“自由性”的信息和数据流动。

为了加强对信息安全性的监控，审查数据流动的内容是各国通常采取的惯例。出于保护本土企业的目的，一些国家在监管的基础上，会对外国公司的数字服务进行严格审查。这种做法虽然可以在短期内实现有效监管，避免外国公司对本国数字产业发展造成负面影响，但从长期来看，对本国公司的发展不一定是好事。这一政策对中小企业的影响更为显著，因为很多中小企业主要是依靠阿里巴巴、亚马逊和 eBay 等电子商务平台来接触客户和降低成本，从而生存下去。根据相关调查显示，大多数中小型企业的收入都是通过数字贸易平台获得。如果平台被关闭，那么全球范围内的中小型电子商务公司都将遭受巨大损失。

为了保护国家经济安全，中国一直以来都反对跨境数据自由流动。因此，在中美两国数字贸易领域的磋商中，有关“跨境数据自由流动”的问题一直是争议焦点。目前，《中华人民共和国网络安全法》就将“跨境数据自由流动”作为一项重要内容。《中华人民共和国网络安全法》旨在保障国家安全，主张将国家、社会和个人的信息安全问题列入考虑范畴。所以，目前中国还不能全面地接纳《全面与进步跨太平洋伙伴关系协定》中关于信息和数据在世界范围内自由流动的要求。

若要实现“美式模板”的对接，还存在如下问题：①“全球性”的信息和数据流动。中国的网络信息和数据流动管理基本上是依照“属地原则”标准，规定了在中国境内运营和使用网络必须受到监管，这与《全面与进步跨太平洋伙伴关系协定》中关于“去国境化”的观点不一致。②信息和数据的“自由化”流动：《中华人民共和国网络安全法》对确保互联网数据及信息流动做出了详尽的规定，并设定了有关数据及信息流动的限制规定，虽然《全面与进步跨太平洋伙伴关系协定》在 14.11 条款中以“实现合法公共政策目标”为名，给出了例外情况，但中国目前在这方面的政策是否能够满足上述条件，仍然是一个疑问。

（二）数据储存非强制本地化

在美国领导的双边和区域贸易协定中，一直以来都反对“数据储存本地化”。美国认为这样的规则将导致全球“网络割据”，从而对开放性产生不利影响。《全面与进步跨太平洋伙伴关系协定》14.13 条款指出，“任何缔约方不得要求任一涵盖的人在该缔约方领土内将使用或设置计算设施作为在其领土内开展业务的条件”。

数据储存设施的强制性本地化往往与数据安全紧密相连，经常会被同时提及。强制数据储存本地化，经常被视为一种能够有效保护个人信息的手段。尤其是美国政府于2013年被曝光的“电子监听”计划之后，更多国家的政府开始关注通过实施数据存储强制性本地化策略来保障本国的信息安全。强制数据存储本地化是一把“双刃剑”。从积极意义上看，不仅便于政府治理，而且有利于保护资料的安全。特别是在斯诺登事件之后，为了防止像美国这样的数字贸易大国窃取关键数据，“数据储存强制本地化”将是一种有效的举措。从消极角度来看，在全球范围内比较容易找到一个优质低价的数据存储设施，但受这项规定的影响，公司需要在本土范围内寻找云存储设施。大公司往往具备研发专门存储设施的能力，而中小型公司由于缺少资金和技术，需要将数据存储业务外包到当地的云存储公司，这样会增加额外的开销。与此同时，本地化存储的安全性并不像实施该政策的各国政府所期望得那样高。目前，云存储公司会将用户的数据在多个不同国家的存储设施中进行备份。这样当原始储存地点的数据受到无法弥补的损坏时，就能更快地将备份数据从其他服务器中取出，避免资料遗失。但是，假如所有储存公司都使用该策略，那么保障数据安全为目标的“数据储存强制本地化”策略便失去了作用，因为这些数据也会被复制到其他国家。

《中—澳自由贸易协定》和《中—韩自由贸易协定》中的“电子商务章”，以及中国现有的法律都没有规定数字贸易企业必须建立本地化数据中心。《中华人民共和国网络安全法》则提出，“关键信息基础设施的网络运营者在中华人民共和国境内运营中收集和产生的个人信息和重要数据应当在境内存储。因业务需要，确需向境外提供的，应当按照国家网信部门会同国务院有关部门制定的办法进行安全评估”。这实际上要求涉及个人信息数据服务业务的企业在中国境内建立数据存储中心。同时，《全面与进步跨太平洋伙伴关系协定》协定在14.13条中也包含了“维护成员国合法公共政策目标”的例外条款，但重点在于如何理解和运用这一例外条款。

（三）源代码的非强制本地化

在美国主导的《跨太平洋伙伴关系协定》中，第14.17条“源代码”

第1款，对数据源代码的非强制本地化作出了如下要求，“缔约方不得将数据源代码强制当地化作为另一缔约方在其领土内进口、分销、销售或使用该软件及包含该软件的条件”。第2款第1条也规定，所指的软件只局限于一般的大众软件，而非应用于关键基础设施的软件。在美国牵头的《国际服务贸易协定》中，日本还提交了一份包括以上条款在内的提议，旨在阻止各国政府向公司索要其软件源代码。虽然关键基础设施被排除在外，但哥伦比亚强烈反对这项提议，并且该草案经过了数次修订后仍然没有获得《国际服务贸易协定》成员的认可。

若上述条款得以落地，那么就可以杜绝国家对源代码的获取，同时也能防止知识产权外泄。这反映了美国、日本等拥有丰富的高端软件权益以及相对健全的知识产权法律保障的国家的需求。但是，由于对源代码非强制本地化的限制，会造成大量的重复劳动和资源的浪费，使得发展中国家要承担高额的智力成本，拖慢其经济发展速度。对于禁止源代码本地化的有效性问题，《国际服务贸易协定》成员国也存有诸多疑问。首先，对“关键基础设施”没有明确的定义，如金融机构是否应按照关键基础设施对待。其次，条款中明确了不能转让和存取软件源代码，但在实际操作中，往往存在“后门”，被植入漏洞的是硬件，所以“禁止软件”对于保护国家网络安全缺乏实质意义。另外，这项规定虽然能够对版权进行有效的保障，但大多数软件的源代码都是参照其他程序编译的。因此，从总体上来说，强制禁止源代码公开反而会造成更多的不利影响。

中国与“源代码非强制本地化”这一议题相关的领域主要表现在以金融机构和金融监管部门为代表的电子商业企业。在中国人民银行发布的《征信机构信息安全规范》（JR/T—0117—2014）中明确规定，“应要求开发单位提供软件源代码，并对软件源代码进行‘后门’检测”①。与之相

① 中国人民银行征信管理局：《征信机构信息安全规范》，http://camlmac.pbc.gov.cn/zhengxinguanliju/128332/128338/128380/2813651/index.html。

关联的是《全面与进步跨太平洋伙伴关系协定》第 14.17 条“源代码”的第 2 款，禁止对大众软件进行强制性转让和开放源代码，但是没有包含关键基础设施。因为金融系统中的基础软件涉及国家安全与一国金融秩序的稳定，它应当属于关键基础设施。因此，尽管在源代码问题上，我国的法规与“美式模板”有关条款存在不同，但是根据“美式模板”中有关此问题的“一般例外”和“安全例外”条款，两者之间有求同存异的可能。

五、中国数字贸易规则的应对

数字贸易作为一种新兴产业，它涉及贸易、信息、文化、税收、网络治理等诸多新兴领域，加之自身产品和服务的边界模糊化特点，目前中国还没有形成一个完整而又行之有效的法律法规。在此过程中，我们必须正视“美式模板”与“欧式模板”的双重冲击，并努力摸索出一套适合自己的“中式模板”。

（一）营造有利于自身的贸易规则和环境

从行业发展的角度分析，中国的数字贸易体量增长迅速。与此同时，中国的电子商务发展模式也在发生着变化，电子商务的平台化步伐明显加快，已经形成了一个完整的商业系统。作为一个拥有强大电子商务行业的国家，中国应该在技术中立原则、保护线上消费者、数字产品关税征收等数字贸易议题上采取更加积极的行动，主动倡导国际数字贸易新规则，营造符合自身利益的数字贸易环境。

中国已在世界产业价值链中占据了核心地位。因此，我们不仅要关注与欧美等发达经济体的联系，还要加强与其他国家和地区的协作，如中日韩自由贸易区谈判、“数字丝绸之路”等。在数字贸易规则方面，对“美式模板”持不同意见的不仅有中国。欧盟与加拿大都坚决要求在“视听文化”的跨境自由流动中按照“文化例外”的标准予以保障，俄罗斯也对数据储存非强制本地化持谨慎态度。中国可以与有类似需求的国家和地区强化交流，建立起国际数字贸易谈判体系中的合作联盟，加速《中欧双边投资协定》（bilateral investment treaty，简称 BIT）等双边磋商，从而制定适合双方国情的数字贸易规则，也为增强自身在数字贸易规则制定上的影响力提供渠道，进而创造良好的数字贸易环境。

（二）合理使用和衔接其他模式下的部分规则

针对“美式模板”“欧式模板”等相关规则需要开展深入研究和剖析，将其与中国的管理模式和规则相结合，对规范国内市场、促进国内乃至世界数字贸易发展都有着重要意义。例如，《全面与进步跨太平洋伙伴关系协定》14.13 条第 1 款表示，“缔约方认识到每一缔约方对于计算设施的使用可设有各自的监管要求，包括寻求保证通信安全性和机密性的要求”①。在此基础上，可根据中国有关法律规定，对“数据存储强制本地化”问题开展符合自身利益的阐述。

但是，鉴于目前中国有关数字贸易的相关法律规定还很不健全，这使得中国在国际数字贸易谈判中，由于缺乏足够的底气而陷入不利境地。虽然目前中国已经制定了数据存储本地化的政策，但有关法规和规章仍然缺乏，特别是要确定数据存储设施的合法性。只有制定一套严密的数据保护法，才能保证信息安全，单纯把这些数据留在本国是毫无意义的。虽然在“数据储存非强制本地化”问题上，中国与“美式模板”存在差异，但是仍然需要建立起一系列完备的法律法规。这样既能保证信息的安全性，又能为中美之间的数字贸易磋商提供强大的法律支持。为此，国内各部门需要综合联动，明确各自职权范围，尽快建立健全《个人信息法》《电信法》《征信管理条例》《互联网信息服务办法》《数字签名法》等基本法律体系，加强对数据的法律保护，为对接“美式模板”与“欧式模板”提供有力的保证。

① 中华人民共和国商务部世贸司：《全面与进步跨太平洋伙伴关系协定》（CPTPP）文本（含参考译文），http://www.mofcom.gov.cn/article/zwgk/bnjg/202101/20210103030014.shtml。

（三）针对不符合本国国情的数字贸易规则，对自身的出价进行改善

“美式模板”中的部分规则可能不适应世界其他国家的国情，甚至其中的某些规定会对大多数国家的利益造成损害，但也有部分条款对国内数字贸易体系存在一定的积极引导作用。例如，与“美式模板”中的“跨境数据自由流动”与“数据存储非强制本地化”不同，中国采取的“限制跨境数据流动”与“数据存储强制本地化”策略，也是一柄“双刃剑”。尽管在“美式模板”中，“跨境数据自由流动”“数据存储非强制本地化”等政策并不符合中方利益，但仍然可以通过有选择地改变中国数字贸易保护策略，提升自身数字贸易实力，增强与其他国家之间的协作。技术上，为了减少经济安全监管“泛化”给中国外贸造成的负面冲击，亟须在信息监管技术、信息监管制度和国家利益诉求等方面找到一个更好的平衡点。国家经济安全问题，不但涉及数据的储存地点，更涉及数据储存技术。为此，中国可以改善监管技术，将数据归类管理，减少不必要管制带来的数字贸易壁垒。在未来数字贸易协商过程中，有选择性地进行数据存储本地化变革，将会给中国带来更多的贸易伙伴以及更大的机遇。

（四）努力建设“中式模板”数字贸易规则

美国是目前世界上发展最完善的数字贸易大国，它试图建立一个由自身所领导的国际数字贸易规则体系，因此在制定数字贸易规则时大力推行“美式模板”；同时，欧盟拥有世界 1/3 的数字贸易量，并和美国有着紧密的联系，它正在大力推进“欧式模板”数字贸易规则体系。中国的电子商务发展速度较快，但在数字贸易规则制定方面未能取得与自身相适应的地位，今后很可能要受到“美式模板”和“欧式模板”的制约。若要在今后的发展过程中，占据数字贸易规则制定的主导地位，中国首先应该积极制定适合本国数字贸易发展的法律法规，并在技术中立性等方面主动出击，提出符合中国发展需求的诉求，进而在相关领域推出数字贸易的“中式模板”，以正面应对“美式模板”和“欧式模板”的冲击；其次，中国应充

分结合和运用“美式模板”和“欧式模板”的一些相关规定，建立一系列有利于本国发展的数字贸易法律制度体系，从而在美国、欧盟等发达经济体的数字贸易磋商中筑好坚实的国内法律保障；最后，中国应以“美式模板”和“欧式模板”为参考，积极完善本国的数字贸易法律法规和数据监管制度，这样才能更好地与美国和欧盟进行谈判磋商。

还可从以下四个方面入手，构建更具综合性的“中式模板”数字贸易规则框架。

1. 实行分级分类的跨境数据流动管理措施

中国应该在金融、石油、电力、水利等关键基础设施领域，建立跨境数据流动的制约机制。对于在以上行业开展数据服务的公司，需要在国内建立数据中心；对于为其他中小型企业提供数据服务的公司，可以适当放宽限制条件。同时，对数据进行分级分类管理，禁止政府数据、企业商业秘密数据和个人隐私数据的跨境流动；对于其他普通企业商业数据和个人数据，可以进行跨境数据流动。

2. 强化立法工作和配套支持措施

近年，中国陆续制定并通过了《中华人民共和国网络安全法》《中华人民共和国反恐怖主义法》《中华人民共和国个人信息保护法》《中华人民共和国外国投资法》等相关法律法规，强化了对国家信息安全和个人隐私权的保护。目前，中国信息审核体系的透明性还有待进一步增强，为此，必须对跨境数据流动监管业务作出更清晰的规范，建立健全跨境数据流动业务的基础制度和标准。此外，还需要建立相关的规范管理措施，如规范的跨境数据流动合同模板、安全协议限制以及跨境数据流动风险分析与安全评估体系。

3. 加强跨境数据流动的国际协调工作

在协商跨境数据自由流动方面，自由贸易协定谈判并不是一个很好的平台。消费者网络的全球化趋势要求各国对生产者和消费者、企业和政府之间的关系进行重新思考。研究跨境数据流动，需要各国政府、大型跨国公司、中小型公司、消费者、第三方机构、知识社群等各方的共同努力协作，以尊重网络安全、个人信息及隐私保护为基础，开展跨境数据自由流动的讨论。

4. 建立面向未来的全球数字贸易规则新框架

在数字经济和数字贸易管理中，应该防止出现碎片化情况，并在全球范围内形成统一、透明、公平的数字贸易规则框架。与此同时，要防范“数字鸿沟”，警惕“数字贸易不平衡”现象。探索建立全球范围内公平、透明的新税务管理模式。在世界范围内增加对数字基建的投入力度，构建全面发展的全球性数字价值链。从开放与安全角度考虑，充分尊重各个主体的数字主权，对关键基础设施进行安全评价，分阶段、分层次地推动全球数字贸易和数字经济治理。

第七章

新发展格局下中国数字贸易发展的未来与展望

随着全球化成为大势所趋，数字化转型已成一股不容忽视的力量。数字贸易的发展，是全球经济一体化与数字化时代的现实需求。随着世界经济与科技的发展，科技创新成果被大量运用于国际贸易，并孵化出数字贸易这一全球经济发展的重要引擎。本章将从新发展格局下中国数字贸易的动向、中国数字贸易在新发展格局下面临的机遇和挑战以及新发展格局下中国数字贸易发展的应对措施三个方面，对新发展格局下中国数字贸易发展的未来进行展望。

第一节　新发展格局下中国数字贸易的动向

尽管在世界范围内，数字贸易尚未得到完全的发展，但得益于数字技术的蓬勃发展与新一代网络通信硬件的广泛应用，中国的数字技术已被大量运用于数字贸易实践中，并将进一步扩展数字贸易的发展领域，丰富数字贸易产品及业务范畴，加速中国数字经济的发展。

一、经济全球化将持续促进中国数字贸易发展

尽管“逆全球化”的思想在最近几年有增强的势头，但是世界经济的

整体发展趋势并没有改变。世界范围内的贸易环境仍将向着更加自由、更加开放的方向发展，而良好的国际贸易环境和各种先进技术的运用也将促进数字贸易持续向前发展。在全球范围内，数字贸易的发展与经济全球化的发展息息相关。随着全球经济一体化进程的不断推进，数字贸易相关的技术、信息、资本等要素在全球自由流通，这促进了数字产品和数字服务流向全球市场。

因此，数字贸易的参与者要面向全球，为全球数字贸易市场的顾客提供服务。在全球化的驱动下，中国数字贸易企业要想在数字产品及服务方面占据有利地位，必然要面对世界各地顾客的多样化需求。在这一进程中，中国企业将会在数字贸易红利的推动下，继续丰富其产品及服务的种类与规模，占领数字贸易市场，进而提高其在全球贸易中的占有率。除此之外，由于数字贸易具有贸易成本低、经济效益高且入场门槛低等特点，数字贸易交易双方不仅包括跨国公司等大型贸易机构，中小型数字贸易公司也越来越多地参与其中；不仅扩大了贸易的种类和规模，而且为满足顾客丰富多样的数字产品及服务需求提供了可能。

二、企业数字化发展是中国数字贸易的基础

为了在日益激烈的市场竞争中立足，中国公司需要最大限度地迎合顾客的需要，因此，紧跟数字化发展步伐是十分必要的。根据 Gartner 公布的《Gartner 2019 年全球首席信息官议程调查报告》，2018 年全世界 17％的公司已经进入了数字化业务成熟期。阿里云研究院在 2019 年 2 月发表的《2019 数字化趋势报告》显示，在未来，云计算、人工智能等新型数字化技术将对金融、零售、物流、教育、卫生等行业的发展起到显著的推动作用，未来 3—5 年里，公司的数字化程度将会上升至 70％～80％。由此可见，加快企业数字化发展已经是一个世界性的潮流。

在目前的数字经济环境下，中国企业想要进一步拓宽发展空间，就离不开数字技术的支持。随着数字技术的持续革新和发展，传统商业的

运作方式和运营过程也必将发生改革，并将数字技术运用于产品研发、生产、供应链、交易结算等诸多业务体系中。一方面，当数字技术在外贸公司得到运用时，贸易过程将得到极大的简化，而贸易效率也会随之提升；同时，数字产品和服务的类别也将得到极大地丰富。另一方面，数字技术也极大地改变了用户需要。在信息化、数字化的今天，人们对个性化、多元化的要求越来越高，与传统的线下业务相比，“线上＋线下”的服务模式更能顾及客户对产品的个性化和多元化要求。中国外贸企业要想满足顾客的个性化要求，就需要在国际数字贸易的激烈角逐中，采取多元化、差异化的发展模式，拓展数字产品及服务的品种和应用领域。

三、中国数字贸易领域将更加宽泛

当前，世界各国对数字贸易日益重视，数字贸易体系逐渐建立，相应基础设施也逐步完善，数字贸易已步入快速发展阶段。在此期间，得益于大数据、云计算、人工智能、物联网等尖端数字技术的发展，数字贸易的发展空间也不断扩展，发展步伐持续加快。未来，数字贸易领域将更加宽泛，地位也将提升，这一趋势体现如下特征：

(1) 国际互联网架构。以陆地和海洋光缆、光纤网络、宽带网络以及5G手机网络为基础的网络基础设施，对数字贸易的产生和发展起到了不可替代的关键作用。近年，世界各国互联网硬件设施的发展速度不断加快，网络服务的覆盖面持续扩展，为数字贸易在世界范围内的迅速发展和日趋完善创造了必要的外在条件。

(2) 数字视频。数字贸易领域中的数字视频包括广播、电影、电视、体育赛事转播、音乐及社交媒体视频等。在云服务持续发展的背景下，数字视频会越来越依赖于社交媒体这一传播媒介，而抖音、微博、微信等社交媒体的出现，也使得数字视频具有了多样化、便捷化的传播渠道。这些社交媒体运营商在视频制作者与消费者之间提供了一条可以双向选择的渠道。在此基础上，随着智能手机，特别是手机中的存储器、处理器性能的不断增强，用户对数字视频的个性化和多元化需求，也有望得到更坚实的硬件设备保障。

（3）游戏。从世界范围来看，移动端游戏已经成为电子游戏的主要市场。随着数字技术不断革新与发展，最新推出的移动端游戏已具备很强的画面、音质与流畅性，并在全世界范围内受到玩家的广泛的喜爱。同时，许多消费者已经成为电子游戏的潜在顾客。

（4）云计算。在工业 4.0 的背景下，建立云服务系统已经成为全世界企业和政府机构发展的前进方向。在世界范围内，云计算产业拥有庞大的市场，而在美国、欧洲和东亚地区，云计算服务已经得到了长足发展，并在全球市场中占据主导地位。其中，美国已经成为世界上最大的云计算服务市场，这要归功于美国企业对云计算产业的大量投入。相比之下，东亚及欧洲企业在云计算领域的投入仍有待加强。对于中国、俄罗斯、印度这样的新兴市场，其在全球云计算服务领域的份额仍略显不足，但是这些国家在云计算服务方面的投入力度也日益加大。

第二节　中国数字贸易发展的机遇与挑战

发展数字贸易不仅可以有效地推动经济发展，全面提振就业，而且还可以推动传统商业模式转型升级。中国正在积极开展数字贸易，面临着诸多机遇与挑战。

一、中国数字贸易发展的机遇

目前，中国数字贸易的发展已进入了一个关键时期，主要表现在以下两个方面：

第一，数字贸易显著促进了世界经济的发展，但是其发展潜能仍没有得到完全地发挥。自从 2008 年世界经济危机以来，各国的发展速度都有所减缓，但是以数字贸易为代表的数字经济发展却相当强劲，并且在各国GDP中均占有很高的比例。根据2021年中国信息通信研究院发布的《2021年全球数字经济白皮书》，数字经济在GDP中所占比重最高的三个国家分别为德国、美国、英国，占比均超过了65%。根据《中国数字经济发展白皮书（2021年）》，2020年中国数字经济规模达到39.2万亿元，数字经济规模占GDP比重为38.6%。中国与数字经济强国相比还有一些距离，存在部分地区数字基础设施发展不足、数字贸易监管制度不健全等问题，也正因如此，中国数字贸易发展仍存在巨大潜能。所以，在发展数字贸易的同时，加强网络基础设施和国际支付体系建设已成为当务之急。

第二，数字贸易发展中面临着许多壁垒，必须建立健全数字贸易规则。随着数字贸易的兴起与繁盛，国际贸易进入了一个蓬勃发展的关键时期，但也存在着许多挑战。除关税之外，诸如数据储存本地化、数据隐私保护、知识产权保护、网络审查、技术性非关税壁垒等障碍也在阻碍中国数字贸易的发展。此外，原有的贸易规则体系也面临许多新的要求和矛盾。为了使数字贸易得到良性发展，扩大数字贸易红利、促进传统贸易的变革发展，世界各国有必要积极推动双边、多边和WTO框架下的数字贸易规则谈判，尽快构建符合数字贸易发展需求的、更加规范统一和透明的规则框架。这也是打破现有数字贸易中的限制因素，充分挖掘数据贸易潜能、促进数字贸易健康发展的必要条件。因此，中国必须积极参与各层级数字贸易规则的谈判和制定，以推动建设与国家发展相适应的数字贸易新秩序。

二、中国数字贸易发展的挑战

在新发展格局下，中国数字贸易发展主要面临着发达经济体和发展中经济体的数字鸿沟日益扩大、不同经济体的数字贸易规则存在较大差异、数字贸易发展不平衡等多重挑战。

（一）美欧日筹划“数据流通圈”，扩大全球数字鸿沟

从目前美欧日三方的磋商重点来看，三者在跨境数据流通问题上形成

了紧密的“数据流通圈”，这将不断扩大美欧日等发达经济体和发展中经济体的数字鸿沟。由于美欧日处在全球数字经济的最前沿，掌握着核心技术、核心数据和核心网络，促进跨境数据流动，有助于其构建一个纵向数字贸易的国际分工模式。

在此基础上，美欧日等发达经济体可以借助自身在技术和信息方面的绝对垄断地位，对中国等发展中经济体的市场开展由数字经济向传统实体经济的全方位渗透，进而获取发展中经济体的资源。美欧日建立的“数据流通圈”会将中国这样的发展中经济体压制在全球数字经济价值链的底层，从而巩固发达经济体在数字经济和数字贸易方面的统治地位。

（二）数字贸易规则存在较大差异，阻碍中国融入全球数字贸易圈

美国、欧盟、日本和中国均是世界范围内相对领先的数字贸易经济体，但是出于各自的利益和国情的差异，上述经济体对全球数字贸易规则持不同意见。目前，美日两国在数字贸易规则上大致持相同的态度；对于美欧，二者在个人数据隐私的保护程度和保护方法上存有分歧。但是美欧日等发达经济体都主张开放全球市场，并对技术强制转移持反对立场。

作为一个以跨境电商为特色的新兴数字贸易大国，中国在国际数字贸易规则上侧重于跨境电子商务领域，重点关注维护国家安全和消费者权益。中国在推动国际电子商务发展的过程中，对数据流动进行了严格的限定与规范，并要求数据存储本地化。美国、日本等发达经济体都希望把“跨境数据自由流动”纳入国际数字贸易规则体系之中，但中国等发展中经济体对此持反对观点。由于发达国家更愿意遵循美欧日倡导的数字贸易规则，这会导致像中国这样的发展中经济体很难进入全球高端数字贸易圈层，从而影响到中国未来数字贸易的发展。

（三）数字贸易发展不平衡，不利于全球产业的协同发展

当前，世界数字贸易发展已出现了不均衡，美欧日的携手共进，很有可能形成“强者恒强”的发展趋势，进而与全球数字贸易产业协同发展的愿景背道而驰。在全球范围内，美欧日等发达经济体以其领先的网络基础

设施、数字化产品与服务，引领数字贸易的前进方向。广大发展中经济体，尽管有很好的发展潜能，但是目前和美欧日相比，仍然有较大的距离，即使是跨境电商极为发达的中国，也是如此。

根据《中国数字贸易发展报告2020》显示，2012—2017年中国的数字贸易顺差达到了147.7亿美元，而这尚不足美国的十分之一。数字网游产业在数字贸易中占比最大，达到了50%的份额，而数字音乐、数字视频、数字阅读等数字化产品与服务在全球数字用户消费中所占比重较低，且市场规模仅为251亿美元。

在企业方面，美国互联网巨头们在全球数字贸易中独占鳌头。美国企业在2021年的全球十大互联网企业中占有6个席位，6家企业的市值总额达45 943亿美元，即美国当年GDP的19.98%。互联网巨头为用户带来了数字贸易领域的各类产品，从而在世界数字贸易中占据了主导地位。尽管利用数字贸易的特点，发展中经济体的中小型企业可以与跨国公司和消费者进行对接，以改善自身发展前景。但是目前，由于互联网巨头已经形成垄断，中小型企业的发展必将困难重重。因此，要大力推动中小型企业开展动力、质量和效益三方面的变革。

（四）中国数字化转型面临着观念与模式的双重考验

近几年，中国数字基础设施快速提升，网络通信能力发展迅速，这为发展数字贸易提供了发展机会。但是，中国的数字化转型道路却并不平坦，主要面临着以下两点考验：

第一，从传统实体产业到数字经济的理念转型。当前，传统工业经济在中国经济发展中仍然占据主导地位，而数字贸易产业的发展相对滞后，大部分生产厂商尚未实现数字化。主要是因为企业数字化转型意愿不强，不清楚数字化技术，看不清数字贸易产业的核心与前景，有“不想用”“不能用”“不敢用”“不会用”等问题。美国信息系统审计与控制协会的一项研究显示，全世界只有25%的企业高管在发展中主动使用了先进的数字技术，而47%的企业高管仍未形成这种观念的转变。因此，数字化转型观念的缺失，已成为制约数字贸易发展的主要原因。

第二，经营模式转变难度大，也就是从传统的商业模式转变到数字化的过程中将遇到极大挑战。目前，中国数字贸易发展各项指标普遍偏低、发展不平衡，数字产品与服务的国际竞争力较弱，数字贸易相关行业发展缺少数字技术的支撑。上述问题制约着中国数字贸易的全面发展。同时，中国数字化产业的发展与发达经济体相比仍有一定差距，并且由于其中的数字贸易壁垒和知识产权等因素，中国经济的数字化转型面临着诸多考验。

第三节　新发展格局下中国数字贸易发展的应对措施

近年，随着数字经济的迅猛发展，数字贸易在全球经济中的地位和作用越来越重要。为了积极应对中国数字贸易发展过程中的挑战，推动中国数字贸易的持续健康发展，中国需要制定和完善数字贸易政策，积极应对全球数字贸易的规则竞争，推动数字贸易支撑要素的可持续发展，力争实现动态竞争优势，推动企业数字化转型，建立数字贸易竞争新优势，为中国构建新发展格局提供强大动力。

一、制定和完善中国数字贸易政策

为了在世界范围内的数字贸易竞争中占据主导地位，中国首先需要制定和完善相关的数字贸易政策，着力改进数字贸易相关类别的统计，培育数字贸易技术优势，推广跨境数据流动便利化措施，加快填补和完善国内相关法律法规及有关跨境数据流动的法律体系，建设全球产业链，加强本国数字贸易在世界范围内的竞争力。

（一）着力改进数字贸易相关类别的统计

作为东亚近邻，观察日本的数字贸易政策可为中国相关政策的制定和完善提供借鉴。总体上，日本当前缺乏一个有能力对 ICT 行业进行全面管控的行政机构，总务省对电信产业进行监管，而信息工业则是由经济产业省来管理，各部门分别对各自辖区内的数据进行统计。这样的数据统计方法会导致统计口径不统一、统计数据分散、数字贸易数据与传统产业数据混杂等问题。出于发展数字经济的需要，日本内阁的 IT 综合策略办公室于 2020 年提议成立数字厅，既从有关单位中调拨一批职员，又从企业中招募一些资深技术主管。数字厅在 2021 年 9 月正式成立，负责在各“省”级部门间制定相互协调的政策和目标。但由于日本政府部门内部的层次结构，“厅”比“省”的行政级别要低，从“省”调来的工作人员也会更加重视以前工作的部门，进而降低了数字厅的影响力。尽管电子商务数据来自经济产业省的调查，但很有可能是不完整的。截至目前，主管外贸的经济产业省仍未出台针对数字贸易的具体政策。可以看出，日本政府对数字贸易有关的统计工作仍存在许多欠缺。

中国 ICT 行业的管理体制与日本不同，是由工业和信息化部统一领导。但在数字经济与数字贸易的数据统计领域也存在一定的问题，其根源是数字贸易统计口径尚不一致，以及中国数字贸易发展相对滞后。

从现行的统计资料上看，商务部历年发布的《中国电子商务报告》可以计算出以人民币为基准的电子商务交易额，而 WTO 的数据库则可以看到 6 类数字化产品和服务的进口和出口数据。根据 2014—2019 年的统计，中国电子商务交易数据从 2014 年的 16.39 万亿元增至 2019 年的 34.81 万亿元，但增长速度逐渐放缓。WTO 数据库则显示，中国数字化交付服务的交易额整体上延续了增长的势头。在 2014 年，进出口总额为 2 013.9 亿美元，在随后两年略有减少；2017 年的增速显著回升，至 2019 年达到 2 718.2 亿美元。

与日本相比，中国数字贸易差额已经从赤字转变为盈余，且数字贸易顺差在逐渐加大。值得注意的是，在世界范围内，各个国家、地区和国际组织已经逐渐对数字贸易的概念达成了共识，并且在世贸组织、国际货币基金组织、经济合作与发展组织共同出版的《测度数字贸易手册（第一版)》(2020) 中还提出了一些关于数字贸易统计规范的图表，以便为各经济体提供参考。因此，中国应积极跟进世贸组织、国际货币基金组织、经济合作与发展组织等国际机构发布的有关报告，结合中国国情，推动商务部、海关总署和有关部门开展协作，尽快制定有关政策和统计规范，从而为今后数字贸易数据可与国际统计数据比较提供支撑。

（二）培育数字贸易相关技术优势，推广跨境数据流动便利化措施

数字贸易的发展将有效带动数字经济的上下游行业发展，并发挥愈加显著的促进作用和规模效益。随着科技水平的提升，数字技术与经济发展的结合将愈加紧密，并将促使数字经济在国民经济发展中占据举足轻重的位置，成为中国经济发展的强大推动力。由此可见，技术创新是中国数字贸易和数字经济高水平发展的重要基础。中国需要围绕发展数字经济和提升产业结构等方面提供政策支持，在数字贸易和数字经济的高品质发展过程中，培育和拓展数字贸易技术优势，推广跨境数据流动便利化措施。同时，还要加速国内的体制机制创新，加强数据传输、网络监管等方面的制度建设，为今后更好地参与数字贸易国际竞争打下坚实的基础。

国家要鼓励基础技术研究与革新，特别是在“卡脖子”的关键环节，尤其是人工智能、云计算、芯片制造等核心技术方面，要加强资金支持，提升高端技术人才的培育和吸引力度。要根据不同地区的具体情况，不断调整科技创新的激励措施和方式方法，不断提高科技成果的质量。要加快数字化基础设施的发展，尤其是在新基建领域，加快推进云—边—端协同发展，及物联网等智能基础设施建设。国家要加强数字贸易相关技术的供应与成果转化，支持企业建设拥有自主知识产权的数字技术研究机构，鼓励企业发展目标与国家重点创新方向相结合，提高数字技术对企业研发、生产、管理的契合度和支撑力度。在发展数字经济新技术、新方法的过程中，要敢于尝试；同时，为市场转化和运用创造有利环境，提高数字贸易相关技术的供应水平和市场友好程度，为数字贸易发展提供有力的技术

保障。

在培育数字贸易相关技术优势的基础上，政府还要发挥创新机制作用，如“数字贸易试验区”，为跨境数据流动提供便利。在数字经济背景下，数字贸易已经是一股不可忽视的发展新动能。为此，必须充分利用数字贸易试验区、自由贸易试验区等开放平台，适时进行数据跨境流动试点，推行数据分级分类管理制度，并探索既安全又有效率的评价机制，建立并完善数据安全保护及风险管控体系。例如，北京市可以通过数字贸易试验区、国家服务业扩大开放综合示范区等平台，推动数字贸易改革，探索数据安全、有序、高效跨境传输的实现途径，并逐步放开非政治敏感的文化市场，为进一步缩短外商投资准入“负面清单”积累经验。上海市可以在临港片区率先建立国家新型互联网交换中心，以健全安全评价体系为前提，通过建立“白名单”管理制度，让“白名单”企业先行接入国际网络，并强化事中、事后监管。在重庆市，基于中新（重庆）战略性互联互通示范项目和中新（重庆）国际互联网数据专用通道，可以进一步加强与新加坡的数字贸易往来，并积极推动数据的跨境流通。根据这些区域的试点和实践，可以为全国范围内的自由贸易试验区积累经验，逐步与世界先进水平的数字贸易政策对接。

（三）加快填补和完善国内相关法律法规及有关跨境数据流动的法律体系

随着中国经济和社会的快速发展，以及改革开放的不断深化，对数字贸易领域立法工作的要求也不断提升。《中华人民共和国消费者权益保护法》《中华人民共和国食品安全法》《中华人民共和国电子商务法》《中华人民共和国电子签名法》《中华人民共和国广告法》《中华人民共和国反不正当竞争法》《中华人民共和国进出口商品检验法》《中华人民共和国药品管理法》《中华人民共和国网络安全法》《中华人民共和国密码法》等法律构成了中国在数字贸易及跨境数据流动领域的法律体系。其中，《中华人民共和国电子商务法》作为中国第一部全面实施的电子商务领域的综合性法律，标志着中国加快构建数字贸易法律体系的决心。2021 年 11 月 1 日开始实施的《中华人民共和国个人信息保护法》则对中国个人信息保护提供了有力支撑。

加快完善中国有关法律法规的一个重要作用，就是为中国参与经贸谈判突破国际数字贸易规则，尤其是突破“跨境数据自由流动”等规则的障碍创造有利条件。《中华人民共和国网络安全法》《中华人民共和国数据安全法》《中华人民共和国个人信息保护法》等法律规定，在规则允许的前提下，可以开展跨境数据的有序自由流动，但相关配套法律法规与解释文件仍有待完善。

因此，中国需要尽快出台相关政策法规和配套措施，把数据分级、分类保护作为重点，完善相关的跨境数据流动法律法规，在保障关键信息安全和个人隐私权的前提下，提高商业数据传送的便利化程度，为企业跨境经营活动提供良好环境。其主要举措包括以下四点：一是以《中华人民共和国数据安全法》为蓝本，尽快制定、发布重要数据的名录，并对重要数据的具体领域进行界定，解释其含义和外延，实现重要数据的重点保护；二是加快建立关键信息基础设施的重要数据管理办法，制定相应的监管措施，以及专门的离境安全评价流程规范；三是尽早制定《个人信息出境安全评估办法》，在符合法律法规要求和个人隐私保护的条件下，提供便利化出境渠道；四是对非重要、非隐私数据的跨境流动，可以采用更加多元化、更加便利的信息传输方式。此外，还有必要加强入境数据的安全保障，可以研究修改《计算机软件保护条例》，并增设有关源代码的条款，对源代码进行保护，为国内企业在境外进行数据服务提供坚实的保障。

（四）建设全球产业链，加强数字贸易在世界范围内的竞争力

近几年，全球单边主义、贸易保护主义不断升温，加之新冠疫情的影响，给世界经济带来了沉重而持续的冲击。但这也更加凸显了数字贸易在国际贸易中不可或缺的地位。因此，中国必须把握好发展机遇，构建起一条以中国为核心的国际供应链与产业链，提高自身在全球数字贸易市场上的竞争力。建设中国引领的全球产业链，可以从以下三个方面进行：

一是要加强对数字贸易的支持，提升自身在世界数字贸易中的竞争能力。但在政策上要因地制宜，不能搞“一刀切”。例如，在《北京市关于促进数字贸易高质量发展的若干措施》中提出，北京市将大力扶持具有一定条件的数字贸易企业。浙江省发布的《浙江省数字贸易先行示范区建设方案》则提出要以“五新”，即新基建、新业态、新场景、新能级、新体系为核心，给予相关企业支持。

二是要科学布局，在全球范围内构建中国在数字贸易领域的比较优势。政府应出台相关政策，扶持本土企业进行数字贸易相关技术改造，增强数字化转型和研发力量，形成新的市场竞争力，提高产品品质；调整中国企业在全球产业链，尤其是在高科技、资本密集型产业中的位置，提高“微笑曲线”两端的附加值。

三是要重视全球产业链建设，以新技术、新模式、新业态为主导，建立多层次的数字贸易生态体系。与此同时，中国企业要把握“一带一路”的发展契机，在国际市场上利用本国比较优势，进一步扩展自己的价值链与产业链。在某些地区和行业内，构建以中国为核心的数字贸易模式。

二、积极应对全球数字贸易的规则竞争

随着全球数字经济和经济一体化的发展，在世界范围内，数字贸易规则的竞争日益激烈。美、欧、日等发达经济体都在积极推动有关数字贸易的区域、多边和双边磋商。目前，中国数字贸易发展迅速，特别是在电子商务领域拥有明显优势，但在跨境数据流动方面存在显著短板。鉴于发达国家在数字经济中的优势，中国应该积极推动加入《全面与进步跨太平洋伙伴关系协定》，主动参加《数字经济伙伴关系协定》、WTO 电子商务规则谈判的磋商，从而增强自身在世界数字贸易领域的话语权和影响力。

（一）加强数字贸易顶层战略设计，积极参与数字贸易国际规则制定

当前，世界数字贸易的发展已渐渐超出“数字贸易”本身的范围，形成一种取代货物和服务贸易的新发展形态，这种变化不仅对世界经济的发

展造成一定冲击，而且会对各国未来在世界范围内的产业链地位造成显著影响。因此，必须从战略视角来考量数字贸易发展。党的十九大报告明确指出，要建设“网络强国”和“数字中国”。中国要进一步推进国家信息化发展战略和《中华人民共和国国民经济和社会发展第十四个五年规划和2035年远景目标纲要》，明确中国实现数字化发展的方向和时间表；制定国家层面的宏观调控方针，尤其是关于中国跨境电商发展的中长期战略，明确支持领域、发展方向和侧重点；进一步优化和完善国内数字基础设施，加快城镇信息化建设，推进乡村宽带普及，真正消除“数字鸿沟”，并在数字基建方面逐渐放宽市场准入条件；尽快构建和完善数字贸易的统计体系，并与世界主流标准接轨，厘清数字贸易类别，把握数字贸易的发展现状和未来发展方向。

随着改革开放的不断深入和“一带一路”倡议的持续稳步推进，中国已经同多个国家签署了自由贸易协定，并设立了自由贸易试验区。自2002年与东盟10国签订《中国—东盟全面经济合作框架协议》以来，中国对外签署的自由贸易区数量和质量都不断提高。截至2022年1月，中国签署的19个正式的多边和双边自由贸易协定中，有5个协定在签署时就已经设立了专门的电子商务章。

《中国—韩国自由贸易协定》是中国首个包含电子商务章的自由贸易协定，而《中国—澳大利亚自由贸易协定》是第二个纳入电子商务内容并单独成章的自由贸易协定。此后，《中国—毛里求斯自由贸易协定》和《中国—柬埔寨自由贸易协定》也均独立设置了电子商务章。在《区域全面经济伙伴关系协定》中，第12章为电子商务章，内容包括电子认证、电子签名、无纸化贸易、线上消费者保护、线上个人信息保护等内容。虽然上述协定的规则制定程度得到了提升，但仍然没有覆盖目前广泛关注的一些热点问题，如源代码、数据储存设施所在地、跨境数据自由流动等。与此形成鲜明对比的是，发达国家对电子商务章的重视，日本在与瑞士签订经济伙伴关系协定时，就建立了独立的“电子商务章”；美日签订的

《日美数字贸易协定》中也制定了更加完备的数字贸易规则。可见，中国在数字贸易规则制定方面还需要进一步完善。

（二）健全数字领域法规制度建设，为数字贸易创造有利环境

当前，中国数字贸易还处于发展初期，有关数字产业的法律制度建设相对落后，很难起到全面保护各方合法利益和本国经济利益的效果。因此，有必要以实现营造良好数字贸易环境为目标，加速国内数字贸易领域的规则体系建设。具体要在保护个人隐私、保护知识产权、服务审查和数字化交易等方面，加大对数字贸易立法的投入力度，确保交易主体的合法权利；要进一步深化对数字贸易和传统贸易区别的认识，改变传统贸易管理理念与监管模式，整合贸易、信息、海关、互联网等领域的力量，建立一个创新型数字贸易监管体系；为健全数字贸易的政策制度，需要加强边界管制，为 B2C 模式建立完善的退税政策与退换货制度；建立关于跨境电子商务的相关法律和规章，并将上述法律法规递交 WTO，以提高中国跨境数字贸易监管的透明度；通过政府间合作加强中国与世界其他国家在数字证书、电子签名和电子认证等领域的信息与政策沟通，推动数字证书和电子签名互认。

在数字贸易制度上，中国和美国的需求存在矛盾，这是因为中国还处在数字贸易发展的初期，数据保护、个人隐私和信息保密等技术还不够成熟，所以中国实行跨境数据自由流动仍存在一定的风险。为了扩大中国的贸易伙伴范围，加深相互间经贸关系，中国必须充分利用政府的主导地位，加强其对数据的保护力度，以达到减轻与其他国家之间的矛盾，促进双方之间友好关系的目的。当前，在科技、人才等方面，中国仍处于发展阶段，迫切需要通过改革创新来消除制约中国数字贸易发展的制度性壁垒，扩大其发展空间，在创新体制机制上发挥自身的作用和潜能，以此来弥补与数字贸易强国之间的差距。

作为近年在中国出现的一种新兴商业模式，国内关于数字贸易的研究还不够充分。因此，国家应该加大对数字贸易学术研究的投入力度，并建

立相应的衡量标准。同时，需要对数字贸易的各种指标进行准确的评价。只有这样，才能更好地了解中国数字贸易在世界范围内的地位和存在的问题，制定出更有针对性、更有推动作用的数字贸易政策和规章。

（三）加强网络安全监管，通过实行“负面清单＋分级”方式推动国内市场有序开放

近年，中国人民对中国特色社会主义道路自信、理论自信、制度自信、文化自信不断加强，对境外意识形态入侵的抵御能力有了显著提高，中国互联网管理模式也需要进行相应调整。通过大数据和人工智能等数字技术，可进一步优化信息系统管理方式，完善互联网监督机制，并在此基础上，尝试建立“负面清单”和分级管理体系，以进一步放开对非敏感领域的准入。

与此同时，可对境外网站实行分级管理。首先，要研究制定“负面清单”的动态调节机制，并依法将触犯《中华人民共和国网络安全法》《中华人民共和国反恐怖主义法》《互联网信息服务管理办法》等的网站加入“负面清单”。设立一个由政府、企业、民间组织、民众等主体共同参与的专业监测和评估体系，对发现的问题进行有效处理。同时，可以进一步缩减“负面清单”，逐步放开非意识形态领域的文化和网络市场，并逐渐向更高水平的开放迈进。例如，可在电影、电视剧、动漫等娱乐产业优先推动开放；对于出版业，可以在实行内容审核的基础上适度放开；对于具有强烈意识形态色彩的媒体，要把握好其话语权和控制权，以保证国家的政治稳定和意识形态的安全。

三、推动数字贸易支撑要素的可持续发展，力争实现动态竞争优势

目前，知识性生产要素，如人才、技术、资金等的不足，已经影响到中国数字贸易的发展。为了保证数字贸易在发展过程中的动态竞争优势，就需要加强对数字贸易支撑要素的扶持力度。

首先，改革和创新数字技术人才的培训方式和机制。培养数字化人才既是提高中国数字贸易国际竞争能力的基础保障，又是实现数字贸易长期发展的根本。为此，有必要从宏观视角上，总结数字贸易发展的现状、特点及内在规律；从微观视角上，分析相关企业的发展历程，从而得出中国数字贸易发展的着力点和发力点。在这一背景下，必须积极推动教育方式改革，使教育部门发挥引领作用，促进数字技术在高校的应用，并通过对数字技术领域的专业技术人员开展定向培养，实施费用减免和就业支持等方面的优惠，确保为中国数字技术发展提供持续的人力支撑，加速制定数字化人才培养的“中国方案”。

其次，要大力推进数字技术的发展。数字技术对于提高中国国际市场竞争能力具有重要意义，必须大力推进自主创新，并为中国数字贸易企业的发展提供有力支持；搭建数字技术转让和转化平台，推动实现数字技术的产业化。

最后，在中国数字贸易产业开展投融资体制改革。当前，中国数字贸易的发展受到了资本与资源的制约。除了阿里巴巴、腾讯、字节跳动等全球知名的互联网巨头外，数字贸易领域更多的是中小型企业，他们的技术、资金、用户都非常有限，若想在网上建立自己的交易平台，就必须承担高昂的成本和巨大的风险。因此，其只能通过现有的数字平台来扩展市场。在这一背景下，政府可以通过强化网络基础设施建设、保障中小型数字贸易企业融资渠道畅通、推行减税降费政策等方式，支持中小型数字贸易企业的发展，同时还可以通过设立高新技术园区等方式，增加中小型企业的集聚能力，同时也可以培育孵化一批领军企业，促进中国电子商务的发展。

四、推动企业数字化转型，建立数字贸易竞争新优势

中国应该从改善企业的数字化水平、增强企业自主创新意识、完善创新激励机制等多个角度，推动企业数字化转型，从而构建起中国在数字贸

易领域的新优势。

（一）改善企业的数字化水平

企业可以通过数字化转型升级来提高数字贸易的效能，而这一数字化转型战略本身也可以成为一项产品或服务参与到贸易中。当今世界，随着数字经济和贸易的融合，各家企业都将迎来空前的发展机会，而要实现由传统产业向数字经济的转型，就需要对生产、经营流程进行变革，并不断借鉴国内外先进经验，持续提升企业数字化水平。

当前，中国主要工业企业的数字化转型正在稳步推进。2022 年 2 月，工业和信息化部统计显示，中国规模以上企业关键工序数控化率和数字化研发设计开发工具的使用率分别为 55.3％和 74.7％，“5G＋工业互联网”新业态不断发力，已经培育出一批政务、金融、医疗、能源、交通等领域的典型案例，有力地促进各行各业的“数字产业化”和“产业数字化”进程，有效提升数字贸易的发展水平。阿里巴巴与腾讯分别于 2019 年 4 月、5 月推出的“春雷计划”和“数码泛舟计划”，为处于制造业和外贸的中小型企业的数字化转型提供了支撑。可见，中国企业正逐渐向数字化转型迈进，这为发展高质量的数字贸易奠定了良好的基础。

（二）增强企业自主创新意识

在数字经济的发展过程中，企业研发和创新投入很大程度上决定了其数字贸易产品与服务的结构与输出质量。为了满足国内和国际客户的多样化需求，企业必须持续开展技术研发，从而保证其在数字贸易领域的市场竞争力，需要从以下三个层面着手：第一，要加速制造行业的数字化技术升级，更新生产设施和生产线，使之达到更高的水平。第二，要加快科技创新和发展，提升科技成果转化率和转化速度，加大对虚拟化、数字化、智能化等领域的研究和开发，以提高数字技术的应用效果，丰富数字技术的应用范围。第三，加强新技术、新业态和新模式在经营管理中的运用，在数字化进程中建立多种应用模式，使企业逐步适应数字化时代，实现全方位的数字化变革。

同时，企业需要建立健全创新激励机制。首先，完善企业内部的培训制度，改善职工福利，提供适当的住宿和交通补助，不断改善管理，创造良好的工作环境；其次，要进一步健全人才奖励和创新创造激励制度，以促进企业持续良性发展；最后，结合企业发展需要，在数字技术行业广纳高素质的专业技术人才。

参考文献 REFERENCES

白洁，张达，王悦，2021. 数字贸易规则的演进与中国应对［J］. 亚太经济（5）：53-61.

北京大学数字金融研究中心，2023. 北京大学数字普惠金融指数（2011—2020）［EB/OL］. http://idf.pku.edu.cn.

毕婧，徐金妮，郜志雄，2018. 数据本地化措施及其对贸易的影响［J］. 对外经贸（11）10-12.

曹晶晶，2018. 数字贸易发展面临的问题及我国的应对之策［J］. 对外经贸实务（8）：29-32.

曹小勇，李思儒，2021. 数字经济推动服务业转型的机遇、挑战与路径研究：基于国内国际双循环新发展格局视角［J］. 河北经贸大学学报（5）：101-109.

曹宗平，黄海阳，2022. 中国数字贸易发展的协同关系与路径探索［J］. 华南师范大学学报（社会科学版）（1）：130-140，207.

陈楠，2021. 2020 福建数字经济规模突破 2 万亿元 福建厦门持续领跑［EB/OL］. http://www.toutiao.com/article/6954180108689080840/?&source=m_redirect.

陈全润，许健，夏炎，等，2022. 国内国际双循环的测度方法及我国双循环格局演变趋势分析［J］. 中国管理科学（1），12-19.

陈收，蒲石，方颖，等，2021. 数字经济的新规律［J］. 管理科学学报（8）：36-47.

崔波，2021. “双循环”新格局下中国数字版权贸易若干问题研究［J］. 出版广角（23）：25-30.

崔景华，2021. 中日数字贸易监管规制的差异分析［J］. 现代日本经济（5）：68-78.

崔岩，杜明威，2021. “东亚模板”数字贸易规则相关问题探析：基于中日韩合作的视角［J］. 日本学刊（4）：62-82.

戴翔，王如雪，谈东华，2021. 畅通国内大循环对重塑竞争新优势的影响研究：基于长三角地区的经验分析［J］. 世界经济与政治论坛（6）：28-54.

戴翔，张雨，刘星翰，2022. 数字技术重构全球价值链的新逻辑与中国对策［J］. 华南师范大学学报（社会科学版）（1）：116-129，207.

戴艳梅，2020. 规模突破 1.7 万亿元 数字经济成为福建高质量发展新引擎［EB/OL］. http://app.taihainet.com/print.php? contentid=2392588.

戴艺晗，2021. WTO 数字贸易政策与区域主义多边化进程［J］. 国际贸易（11）：15-22，43.

邓聚龙，1990. 灰色系统理论教程［M］. 武汉：华中理工大学出版社.

邓灵斌，2022. 日本跨境数据流动规制新方案及中国路径：基于“数据安全保障”视角的分析［J］. 情报资料工作（1）：52-60.

董健，唐润华，郑彦云，2019. 高质量发展视域下电商经济贡献效应探讨［J］. 商业经济研究（19）：85-88.

董青岭，2021. 警惕数字时代的西方话语霸权［J］. 人民论坛（29）：28-32.

杜庆昊，2021. 数字产业化和产业数字化的生成逻辑及主要路径［J］. 经济体制改革（5）：85-91.

范婴，2021. 数据本地化的贸易维度评估及中国因应［J］. 中国流通经济（9）：86-94.

范兆娟，艾玮炜，2022. 数字贸易规则对中国嵌入全球价值链的影响［J］. 财贸研究（2）：31-41.

方昊炜，徐晔，袁琦璟，2021. 数字贸易、产业结构升级与经济高质量发展：基于中介效应模型［J］. 价格月刊（6）：65-71.

冯大刚，2020. 新格局和新场景下的数字文旅［EB/OL］. http://36kr.com/p/889603313658375.

傅晓冬，杜琼，2022. 数字经济对中国文化产品出口贸易的影响研究［J］. 宏观经济研究（3）：82-93.

高凯，2015. 文献计量分析软件 VOSviewer 的应用研究［J］. 科技情报开发与经济（12）：95 - 98.

高媛，王涛，2018. TISA 框架下数字贸易谈判的焦点争议及发展趋向研判［J］. 国际商务（对外经济贸易大学学报）（1）：149-156.

戈晶晶，2021. 数字贸易成为双循环战略“加速器”［J］. 中国信息界（4）：22-25.

郭家堂，骆品亮，2016. 互联网对中国全要素生产率有促进作用吗?［J］. 管理世界（10）：34-49.

郭伟锋，贺静，2019. 数字贸易背景下我国农产品出口贸易发展研究［J］. 物流工程与管理（10）：132-133，170.

国家统计局，2019. 中国统计年鉴（2016—2019）［EB/OL］. http://www.stats.gov.cn/tjsj/ndsj/.

国莎莎，2020. 全球数字贸易规则形成中的分歧与中国的应对策略［D］. 长春：吉林大学.

韩晶，姜如玥，孙雅雯，2021. 数字服务贸易与碳排放：基于50个国家的实证研究［J］. 国际商务（对外经济贸易大学学报）（6）：34-49.

何祖谋，2020. 小卫星有大作为［EB/OL］. https://fjrb.fjdaily.com/pc/con/202009/19/content_39516.html.

纪向岚，2021. 数字贸易国际竞争力研究述评［J］. 韶关学院学报（10）：73-77.

纪玉俊，丁科华，张鹏，2014. 我国沿海地区城市服务业集聚的影响因素分析［J］. 经济与管理（5）：84.

贾怀勤，2019. 数字贸易的概念、营商环境评估与规则［J］. 国际贸易（9）：90-96.

贾怀勤，高晓雨，许晓娟，等，2021. 数字贸易测度的概念架构、指标体系和测度方法初探［J］. 统计研究（12）：30-41.

江小涓，靳景，2022. 中国数字经济发展的回顾与展望［J］. 中共中央党校（国家行政学院）学报（1）：69-77.

江小涓，罗立彬，2019. 网络时代的服务全球化：新引擎、加速度和大国竞争力［J］. 中国社会科学（2）：68-91.

蒋雅琛，2021. 从权威报告看数字福州实力［N］. 福州日报，2021-04-23.

今日头条，2019. 到2021年数字贸易进出口总额破400亿美元，上海发布全国首个行动方案［EB/OL］. https://www.toutiao.com/i6717577954320187918.

金融界，2020. 2020中新金融峰会：中国—东盟金融合作与人民币国际化［EB/OL］. https://baijiahao.baidu.com/s?id=1684306596066354729.

蓝庆新，窦凯，2019. 基于"钻石模型"的中国数字贸易国际竞争力实证研究［J］. 社会科学（3）：44-54.

蓝庆新，窦凯，2019. 美欧日数字贸易的内涵演变、发展趋势及中国策略［J］. 国际贸易（6）：48-54.

李佳，2021. 北京数字贸易进出口将达1500亿美元［EB/OL］. https://baijiahao.baidu.com/s?id=1713649021425330272&wfr=spider&for=pc.

李俊，李西林，王拓，2021. 数字贸易概念内涵、发展态势与应对建议［J］. 国际贸易（5）：12-21.

李墨丝，2017. 超大型自由贸易协定中数字贸易规则及谈判的新趋势［J］. 上海师范大学学报（哲学社会科学版）（1）：100-107.

李墨丝，2021. 中美欧博弈背景下的中欧跨境数据流动合作［J］. 欧洲研究（6）：1-24，165.

李轩，李珮萍，2021. "一带一路"主要国家数字贸易水平的测度及其对中国外贸成本的影响［J］．工业技术经济（3）：92－101.

李艳秀，2021. FTA 中数字贸易规则的价值链贸易效应研究［J］．国际经贸探索（9）：99－112.

李杨，陈寰琦，周念利，2016. 数字贸易规则“美式模板”对中国的挑战及应对［J］．国际贸易（10）：24－27，37.

李忠民，周维颖，2014. 美国数字贸易发展态势及我国的对策思考［J］．全球化（11）：60－72，134.

李忠民，周维颖，田仲他，2014. 数字贸易：发展态势、影响及对策［J］．国际经济评论（6）：131－144，8.

刘晨哲，宾建成，2021. 数字贸易国际规则的进展与中国应对［J］．中国经贸导刊（中）（9）：18－19.

刘洪愧，2020. 数字贸易发展的经济效应与推进方略［J］．改革（3）：40－52.

刘杰，2022. 发达经济体数字贸易发展趋势及我国发展路径研究［J］．国际贸易（3）：28－36.

刘军，彭乔依，2021. 区域贸易协定的数字贸易规则结构对中国数字贸易发展影响［J］．价格月刊（11）：51－57.

刘忻，2020. 2020 年杭州市政府工作报告［EB/OL］．https://www.hangzhou.gov.cn/art/2020/5/6/art_1229063401_1883633.html.

刘媛媛，陶长琪，2021. 中国 31 省份数字贸易发展水平测算分析：基于 RAGA 投影寻踪模型［J］．价格月刊（4）：69－76.

吕延方，方若楠，王冬，2021. 全球数字服务贸易网络的拓扑结构特征及影响机制［J］．数量经济技术经济研究（10）：128－147.

马光，2021. FTA 数据跨境流动规制的三种例外选择适用［J］．政法论坛（5）：14－24.

马光明，王立勇，2021.“双循环”新格局下推进高水平开放研究［J］．中国特色社会主义研究（5）：34－46.

马婧，2021. 北京将打造数字贸易示范区［EB/OL］．http://www.bj.xinhuanet.com/2021－10/14/c_1127956872.htm.

马婧，2021. 前 10 月全市新设外资企业增六成［N］．北京日报，2021－12－18.

马述忠，房超，梁银锋，2018. 数字贸易及其时代价值与研究展望［J］．国际贸易问题（10）：16－30.

马述忠，刘健琦，贺歌，2022. 数字贸易强国：概念理解、指标构建与潜力研判［J］．国际商务研究（1）：1－13.

麦肯锡全球研究院，2021. 变革中的全球化：贸易与价值链的未来图景［EB/OL］.

https://www.mckinsey.com.cn/wp-content/uploads/2019/04/变革中的全球化：贸易及价值链的未来图景-中文摘要.pdf.

彭磊，姜悦，2021. 中国加入 CPTPP 可行性及替代方案的实证研究 [J]. 国际经贸探索（8）：99-112.

彭训文，2021. 中国已与五大洲 22 个国家建立双边电子商务合作机制 [EB/OL]. https://m.gmw.cn/baijia/2021-04/16/1302235087.html.

齐俊妍，强华俊，2021. 数字服务贸易限制措施影响服务出口了吗？基于数字化服务行业的实证分析 [J]. 世界经济研究（9）：37-52，134-135.

裘莹，袁红林，戴明辉，2021. DEPA 数字贸易规则创新促进中国数字价值链构建与演进研究 [J]. 国际贸易（12）：34-42.

任同莲，2020. 数字贸易、制造业服务化与制造业国际竞争力提升 [D]. 天津：天津财经大学.

商务部，2017. 欧洲议会国际贸易委员会通过《数字贸易战略》报告 [EB/OL]. http://gpj.mofcom.gov.cn/article/zuixindt/201711/20171102677923.shtml.

商务部新闻办公室，2022. 商务部服贸司负责人介绍 2021 年全年服务贸易发展情况[EB/OL]. http://www.mofcom.gov.cn/article/xwfb/xwsjfzr/202201/20220103277846.shtml.

沈玉良，李海英，李墨丝，等，2018. 数字贸易发展趋势与中国的策略选择 [J]. 全球化（7）：28-40，134.

盛斌，高疆，2021. 数字贸易：一个分析框架 [J]. 国际贸易问题（8）：1-18.

宋丹，2020. "一带一路"沿线主要国家跨境数字贸易发展评估 [D]. 南宁：广西大学.

孙玉红，于美月，赵玲玉，2021. 区域数字贸易规则对 ICT 产品贸易流量的影响研究 [J]. 世界经济研究（8）：49-64，136.

谈东华，戴翔，2022. 贸易数字化：双循环有效联动的新引擎 [J]. 国际贸易（1）：18-25.

王岚，2021. 数字贸易壁垒的内涵、测度与国际治理 [J]. 国际经贸探索（11）：85-100.

王蕊，潘怡辰，袁波，等，2022. 从 CPTPP 与 RCEP 差异看我国应对数字贸易规则竞争的思路 [J]. 国际贸易（3）：12-18.

王雨辰，2021. "新基建"视域下的基础设施供给方式研究 [J]. 经济体制改革（5）：194-200.

王雨菁，周宏燕，2021. 数字贸易、产业结构升级与出口技术复杂度间关系的实证研究 [J]. 商场现代化（22）：116-118.

王玉龙，顾天竹，陈利馥，2021. 双循环背景下中国数字服务贸易发展策略 [J]. 中国中小企业（9）：162-163.

吴朝阳，吴婵，2021. WTO改革：代表性成员立场比较与前景展望［J］. 国际贸易（9）：61-68.

吴力，2021. 数智商务杭州 开放高地头雁［N］. 国际商报，2021-07-15.

吴石磊，张宏杰，田文涛，2022. 数字服务贸易出口特征、壁垒及其同群效应影响［J］. 中国科技论坛（3）：72-81.

习近平，2021. 在2021年中国国际服务贸易交易会全球服务贸易峰会上的致辞［N］. 人民日报，2021-09-03.

肖皓，刘菲菲，2022. 区域数字贸易规则对双边价值链关联的影响：基于亚太地区的跨国实证研究［J］. 山西大学学报（哲学社会科学版）（2）：131-142.

肖宛晴，刘传平，2021. 欧美数字主权与数字贸易政策比较分析［J］. 世界经济与政治论坛（6）：105-126.

谢谦，姚博，刘洪愧，2020. 数字贸易政策国际比较、发展趋势及启示［J］. 技术经济（7）：10-17.

徐金海，周蓉蓉，2019. 数字贸易规则制定：发展趋势、国际经验与政策建议［J］. 国际贸易（6）：61-68.

徐秀军，林凯文，2022. 数字时代全球经济治理变革与中国策略［J］. 国际问题研究（2）：85-101，156.

徐苑琳，孟繁芸，2018. 全球数字贸易规则制定面临的问题与发展趋势［J］. 价格月刊（4）：66-69.

闫爽，2019. 电子商务发展对区域经济增长影响异质性分析［J］. 商业经济研究（24）：75-77.

阎逸，夏谊，姚海滨，2019. 广东数字经济发展的经验及启示［J］. 浙江经济（16）：38-39.

央视新闻客户端，2021. 2020年我国数字贸易额为2947.6亿美元 数字贸易法律政策体系初步形成［EB/OL］. http://m.news.cctv.com/2021/09/03/ARTINIPTtvQ6QGCJF-MZWF7xU210903.shtml.

杨晓娟，李兴绪，2022. 数字贸易的概念框架与统计测度［J］. 统计与决策（1）：5-10.

姚战琪，2021. 数字贸易、产业结构升级与出口技术复杂度：基于结构方程模型的多重中介效应［J］. 改革（1）：50-64.

姚战琪，2022. 数字经济对中国对外贸易竞争力的多重影响［J］. 财经问题研究（1）：110-119.

亿欧智库，2021. 2021上海市数字经济发展研究报告［EB/OL］. http://www.doc88.com/p%2D70287177718905.html.

佚名，2021. 福建：以“数字福建”开展特色领域探索［J］. 信息化建设（3）：27.
佚名，2021. 深圳：打造数字经济产业发展高地［J］. 信息化建设（3）：30.
佚名，2021. 重庆：构建数字经济发展新格局［J］. 信息化建设（3）：32.
于晓，叶申南，2021. 欧日韩数字经济政策、发展趋势及中国策略［J］. 财政科学（6）：135－141.
余淼杰，郭兰滨，2022. 数字贸易推动中国贸易高质量发展［J］. 华南师范大学学报（社会科学版）（1）：93－103，206.
余晓晖，2021.《全球数字经济白皮书：疫情冲击下的复苏新曙光》解读［J］. 互联网天地（8）：17－21.
郁建兴，马淑琴，任婉婉，等，2022. 中国高水平参与 DEPA 的关键领域与路径选择［J］. 浙江工商大学学报（1）：5－14.
袁伟，李如心，刘婧敏，2020. 上海：以数字经济推动高质量发展［J］. 中国信息界（3）：52－55.
岳云嵩，陈红娜，2021. 数字贸易发展趋势、特征和国际比较：基于 FATS 视角的分析［J］. 上海经济研究（10）：77－87，101.
岳云嵩，李柔，2020. 数字服务贸易国际竞争力比较及对我国启示［J］. 中国流通经济（4）：12－20.
张充，何益欣，2021. 抗击新冠肺炎疫情、数字经济与省际贸易［J］. 现代经济探讨（7）：20－30.
张洪胜，潘钢健，2021. 跨境电子商务与双边贸易成本：基于跨境电商政策的经验研究［J］. 经济研究（9）：141－157.
张坤，2020. 美欧数字贸易规则动向、分歧与合作前景［J］. 中国商论（15）：89－91.
张茉楠，2018. 全球数字贸易战略：新规则与新挑战［J］. 区域经济评论（5）：23－27.
张茉楠，2022. 全球数字治理博弈与中国的应对［J］. 当代世界（3）：28－33.
张卫华，梁运文，2020. 中国数字贸易发展水平省域分异与空间效应［J］. 贵州社会科学（12）：129－138.
张艳辉，庄贞贞，李宗伟，2018. 电子商务能否促进传统制造业的创新行为？［J］. 数量经济技术经济研究（12）：100－115.
章迪平，郑小渝，2020. 数字贸易发展水平测度及影响因素分析：以浙江省为例［J］. 浙江科技学院学报（12）：249－256，271.
章思勤，宾建成，2021. 数字贸易国际规则进展及中国的对策［J］. 特区经济（2）：40－43.
赵崤含，张夏恒，潘勇，2022. 跨境电商促进“双循环”的作用机制与发展路径［J］. 中国流通经济（3）：93－104.
赵晓斐，2020. 数字贸易壁垒与全球价值链分工［D］. 北京：对外经济贸易大学.
赵新泉，张相伟，林志刚，2021. “双循环”新发展格局下我国数字贸易发展机遇、挑战及应对措施［J］. 经济体制改革（4）：22－28.
郑小渝，2021. 中国数字贸易发展统计测度及其影响因素分析［J］. 杭州：浙江科技学院.
中国人民银行征信管理局，2015. 征信机构信息安全规范［EB/OL］. http://camlmac.pbc.gov.cn/zhengxinguanliju/128332/128338/128380/2813651/index.html.
中国信息通信研究院，2021. 中国数字经济发展白皮书（2021 年）［EB/OL］. www.100ec.cn/index/detail－6591053.html.
中国信息通信研究院政策与经济研究所，中央广播电视总台上海总站，2020. 中国区域与城市数字经济发展报告（2020 年）［EB/OL］. http://www.chuangze.cn/attached/file/20210104/20210104172421012101.pdf.
中国信息通讯研究院，2020. 全球数字治理白皮书（2020 年）［EB/OL］. https://baijiahao.com/s?1687289204634278986&wfr=spider&for=pc.
中华人民共和同商务部世贸司，2021.《全面与进步跨太平洋伙伴关系协定》（CPTPP）文本（含参考译文）［EB/OL］. http://www.mofcom.gov.cn/article/zwgk/bnjg/202101/20210103030014.shtml.
周丽萍，2020. 跨境数字贸易对工资不平等的影响研究［D］. 武汉：中南财经政法大学.
周利梅，朱哲衡，2021. 技术创新、产业升级与国际数字贸易发展：基于面板 VAR 模型的分析［J］. 福建技术师范学院学报（5）：485－492，537.
周念利，陈寰琦，2018. 数字贸易规则“欧式模板”的典型特征及发展趋向［J］. 国际经贸探索（3）：96－106.
周念利，陈寰琦，2020. RTAs 框架下美式数字贸易规则的数字贸易效应研究［J］. 世界经济（10）：28－51.
周念利，陈寰琦，黄建伟，2017. 全球数字贸易规制体系构建的中美博弈分析［J］. 亚太经济（4）：37－45，173－174.
周念利，于美月，2022. 中国应如何对接 DEPA：基于 DEPA 与 RCEP 对比的视角［J］. 理论学刊（2）：55－64.
周之瀚，杨曦，2021. 数字经济的产业效应：基于数据要素化的理论分析［J］. 当代财经（12）：101－114.
祝之君，齐思，王聪，2021. 杭州：奋笔书写“三篇章”商务迈向高质量［N］. 国际商报，2021－12－08.

卓翔，陈丽娟，2021. 数字全球化与数字中国建设因应之策 [J]. 理论视野（10）：52－56.

Aguiar L，Waldfogel J，2018. Netflix：global hegemon or facilitator of frictionless digital trade? [J]. Journal of Cultural Economics（3）：419－445.

López González，J.，Jouanjean，2017. "Digital Trade：Developing a Framework for Analysis"：OECD Trade Policy Papers [M]. Paris：OECD Publishing.

Ma S，Chai Y，Wang J，et al.，2018. New digital infrastructure，cross－border e－commerce and global vision of creating electronic world trade platform [J]. Global Trade and Customs Journal（4）：157－167.

Meltzer J P，2016. Governing Digital Trade [J]. World Trade Review.

Meltzer J，2016. Maximizing the Opportunities of the Internet for International Trade [J]. Social Science Electronic Publishing.

MGI Internet Matters：The Nefs Sweeping Impact on Growth，Jobs，and Prosperity [R]. 2011，05.

Mikic M，2009. Multilateral Rules for Regional Trade Agreements：Past，Present and Future [J]. Social Science Electronic Publishing：215－239.

Ozcan B，2018. Information and communication technology（ICT）and international trade：Evidence from Turkey [J]. Eurasian Economic Review（8）：93－113.

UNITED STATES INTERNATIONAL TRADE COMMISSION（USITC）. Digital trade in the U. S. and global economies，Part 1 [R]. USITC Publication，2020.

USITC. Digital Trade in the US and Global Economies，Part2 [R]. 2014，08.

Weber R H，2015. Digital Trade and E－Commerce：Challenges and Opportunities of the Asia－Pacific Regionalism [J]. Social Science Electronic Publishing（2）：321－347.

WTO，2019. World Trade Report 2019：the Future of Services Trade [M]. Geneva：WTO.

Yushkova E，2014. Impact of ICT on trade in different technology groups：Analysis and implications [J]. International Economics and Economic Policy（1－2）：165－177.

后记 POSTSCRIPT

数字贸易服务和融入国内国际双循环，具有内在的逻辑和规律。“十四五”时期和今后相当长的一段时间，数字经济和数字贸易都是我国经济发展的重要支撑。从全球看，各个国家和全球数字贸易规则还在持续完善中。中国需要完善本国的数字贸易政策体系和法律体系，积极参与全球数字贸易规则制定和全球数字贸易治理。全国及各地区的数字贸易统计体系需要进一步完善，并及时发布相关数据，以便公众和学者对我国数字贸易的发展有较为全面、客观的了解。数字贸易发展，与数字经济环境、政策密切相关，需要各地区统筹协调。数字贸易与行业、地区发展的深度融合，需要继续观察和深入研究。

本书共计七章。第一、二、三、四章，由马松林负责撰写。第五、六、七章，由牛晓迪负责撰写。感谢冯原胧、韦宛彤、李仅凤、黄瑞、宋昱熹、胡鑫宇在本书资料收集、数据整理与挖掘等方面做出的贡献。

本书在撰写过程中，作者参阅了大量文献，学习、借鉴了诸多学者、研究机构的研究成果，在此表示感谢。本书是河南省高等学校哲学社会科学基础研究重大项目（2024－JCZD－15）的阶段性成果，得到河南工业大学粮食经济研究中心的大力支持，在此表示感谢。同时，感谢河南工业大学经济贸易学院孙中叶院长对本书撰写提出的学术指导和建议，感谢中国农业出版社编辑的辛苦付出。

马松林

2023 年 5 月

图书在版编目（CIP）数据

新格局下中国数字贸易发展研究 / 马松林，牛晓迪著. —北京：中国农业出版社，2023.9
ISBN 978-7-109-31771-0

Ⅰ.①新… Ⅱ.①马… ②牛… Ⅲ.①国际贸易—电子商务—研究—中国 Ⅳ.①F724.6

中国国家版本馆 CIP 数据核字（2024）第 051366 号

中国农业出版社出版

地址：北京市朝阳区麦子店街 18 号楼

邮编：100125

责任编辑：姚 佳　　文字编辑：王佳欣

版式设计：王 晨　　责任校对：范 琳

印刷：北京印刷集团有限责任公司

版次：2023 年 9 月第 1 版

印次：2023 年 9 月北京第 1 次印刷

发行：新华书店北京发行所

开本：720mm×960mm　1/16

印张：13.5

字数：186 千字

定价：78.00 元
